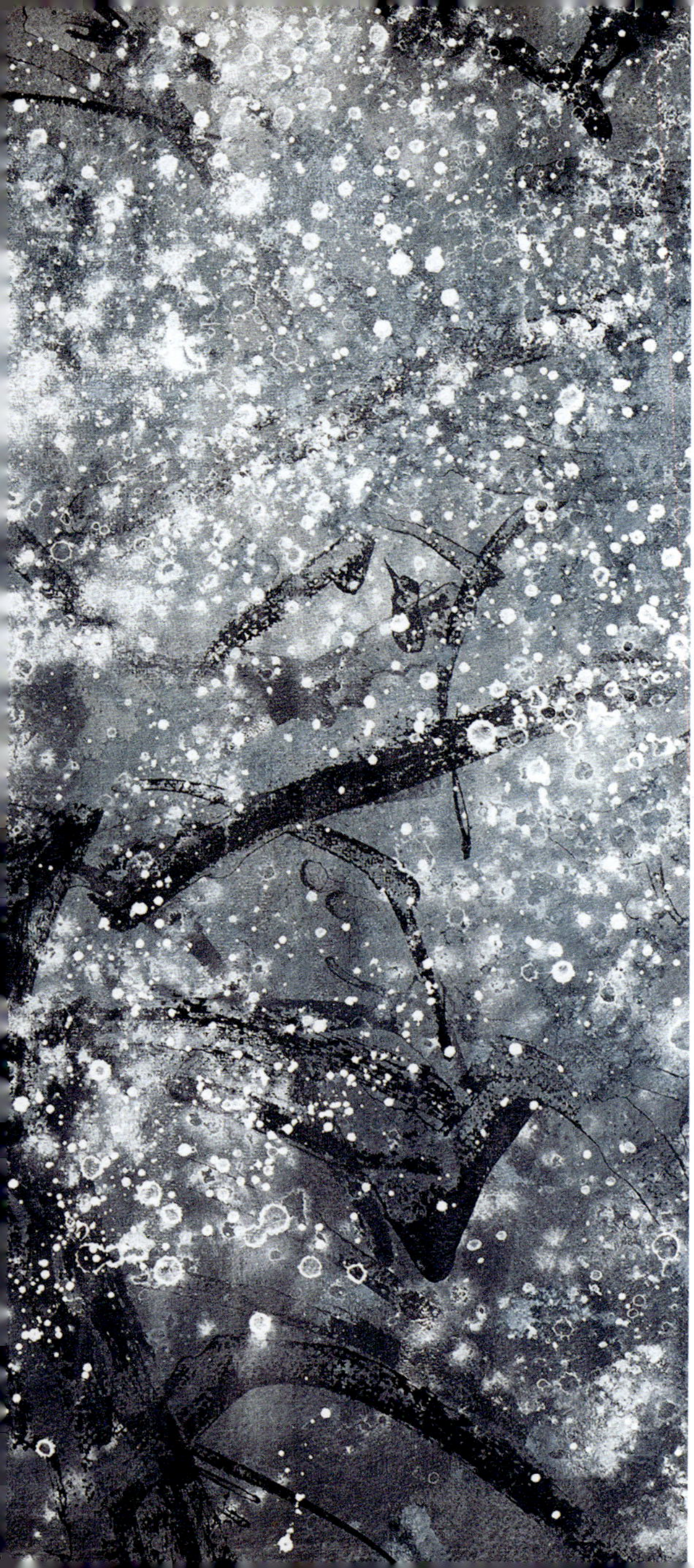

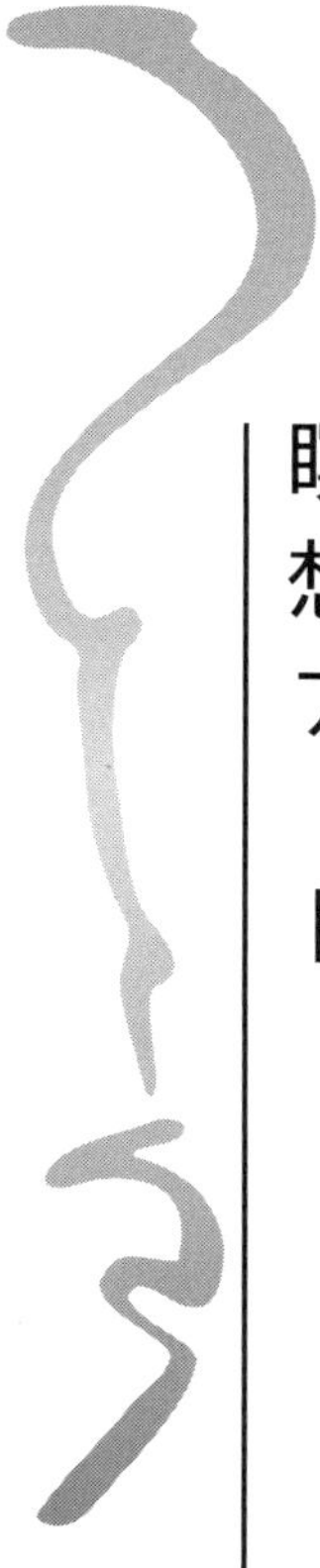

瞑想アート

真のクリエイティビティを目覚めさす

ミラ Meera
（橋本一枝）

"Re Awakening of The Art"
meera (Kazue Hashimoto)

ミラさんについて

私達がミラさんに初めて出会ったのは、二年前、インドのプネーでした。私達は30年来、精神世界の欧米の本を日本語に翻訳する仕事をしていますが、当時、Oshoの本を訳していました。そのご縁でプネーのOSHO瞑想リゾートに勉強に行っていたのです。初めて出会ったとき、ミラさんは輝くような笑顔で私達を出迎えてくれました。彼女の明るさと、まっすぐ私達の心に飛び込んで来る率直で飾らない人柄に、私達はすぐに彼女の大ファンになりました。ミラさんのワークショップに一日だけ参加したのですが、絵やダンスを通してそれぞれが持つ心の枠を打ち壊して自分を解放するやり方は、実に素晴らしいものでした。それは新しい自由で創造的な世界を作り出すために、とても大切なことだと思います。

彼女は若くして日本を飛び出し、自由奔放に思うままに生きてきた希有な女性でした。そして生きることにトータルで、まさに今に生きていて、しかも誰にもあくまでも優しく、思いやりに満ちた人でした。

2017年10月　　山川紘矢・亜希子

目　次

はじめに

アート。それは、人が命の全体とつながりたい、命につながりそれを表現したいという渇望そのものです。

数千年も前、どんなアートの流派が生まれるよりもずっと前に、狩りをして生きる古代の部族は、スペインのアルタミラの洞窟の壁をキャンバスとして、すばらしい感受性と正確さでバイソンなどのさまざまな動物たちを描きました。

狩人たちのアートは、注意深く学んだ技術を駆使した作品ではありません。人間であることを表現している、純粋な祈りのようなものです。

同じように、画家として訓練を受けていなくても、読者のみなさんは、この本を読まれながら、自分自身の表現することへの渇望を突然思い出すかもしれません。

生きることは神秘です。

どうすれば本当の自分に触れられるのでしょう?
どうすれば魂の叫びが聞こえるのでしょう?
どうすればそれを表現できるのでしょう?

私たちは毎晩眠ります。それはほんの少しだけ死ぬことと同じ。そして毎朝、私たちは再生する…… そう目を覚ますのです。

この生と死の循環、目覚めと眠りは、自然の呼吸に過ぎません。私たちが意識することなく、自動的に繰り返される生と死の循環。これを夢と呼んでもよいのかもしれません。

この本が語るのは、この夢からの目覚めの物語、第二の目覚めの物語です。「描く」ことを通しての再びの目覚め、その再びの目覚めの後、何があるのでしょう?

遊びとして…… アートとして…… 笑いとして…… ダンスとして、そこからクリエイティビティあふれた〝ミラスタイル〟の人生がスタートするはずです。

さぁ、一緒に始めましょう！　あなたの人生を心から味わい尽くすために。

ギュンター・ニチケ（ゴヴィンド）

一九三四年にベルリンで生まれ。ドイツや英国の様々な大学で建築を学び、一九六〇年に東アジア（主に日本）に移住。一九六〇年からアメリカのＭＩＴ（マサチューセッツ工科大学）やＵＣＬＡ（カリフォルニア大学ロサンゼルス校）で教鞭をとり「東アジア建築と都市主義」を教える。日本にてトランスという現代的技法を使うプライマルセラピーとエンカウンターを組み合わせた人生探求のためのコースを教える。
『Japanese Gardens』（日本庭園）（Koeln、1990）、『From Shinto to Ando』（London、1993）、『The Silent Orgasm』（Koeln、1995）の著者。「東アジア建築と都市生活様式研究所」ディレクター。

第１章

創造性の目覚め
プライマル・ペインティング

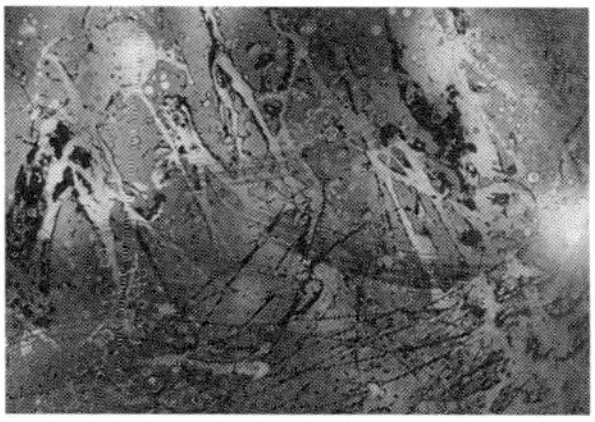

はじめまして。私はミラと言います。私が今いるのは「マルティバーシティー・プラザ」。インドのプネー市にあるＯＳＨＯ瞑想リゾートの一角です。ＯＳＨＯは稀代の思想家として知られていますが、彼についてはまたあとで述べるとして、私はここで毎年一回のペインティング・トレーニングや、短期コースを指導していて、一年の大半を過ごす大切な場所です。ここでは、みんなが自分なりのやり方で真剣に自己と向き合っていますが、もしそれをゲームと言うのならば、私のゲームは絵を描くこと。実は今も、一年に一回開かれるペインティング・トレーニングの参加者を迎えに行くところです。

私は、黒色のローブを着て、瞑想リゾートの中心部へと向かっていきます。さらに小道をたどると、オフィスの横幅いっぱいの窓ガラスに映る自分に気づき、一瞬立ち止まって見直します。ときどきは自分の姿を見るのもいいものですね。特にこれから六週間という長いトレーニングがスタートする前ですから。

こうして見ると、私ってけっこうワイルドかも（笑）。長くつややかな黒髪、額にかかるように切り揃えた前髪、オリーブ色の肌、輝く黒い瞳、広い小鼻、小悪魔的な唇……いかにも東洋人な顔つきをしています。和服に身を包んだら、エレガントな芸者にもなれそうです。屈託なく微笑んだり声を上げて笑ったりするときには、日本海に面した漁村に住む少女のようにも見えます。実際私はそういう場所で生まれたのですから……。

そうしているうちに、プラザに着きました。ここは集合場所としても使われる四角い広場で、深緑の大理石が敷き詰められ、三方には小さな庭園が作られています。今日のプラザは人でいっぱいのようです。ほとんどの人はマルーン色のローブを着て、コースの待ち合わせ場所を探しています。今朝から三つのコースが始まるからです。

私のコースはヨーロッパから南米、アジアまで世界中からやってきた二十五人の参加者の他、八人のヘルパー、三人の通訳、二人のアシスタント、それに一人のリーダーがいます。各グループの集合場所にはサインが出ていて、私のところには〝マスターペインター・トレーニング〟と書かれています。しかし英語を読み慣れない人もいて、どこに行ったら良いのか迷っているようです。カラフルな混沌に包まれた広場は、スピリチュアルな場所を目指す国際列車の駅のようです。

プラザでは訪問者がさまざまなプログラムを申し込みますが、その内容はプライマル・セラピーからヴィパッサナー、さらにはシャーマニック・ヒーリングまで多様です。短いプログラムは一日から三日間ですが、私がこれから行うペインター・トレーニング（以下ではこれをトレーニングと呼びます）のように六週間という長期プログラムもあります。

集まった人々と談笑していると、何人かが話しかけてきて、私のペインティング・プログラムにこれだけの時間とエネルギー、それにお金を費やすことにまだ迷いがあるのだと言います。一人の人にはこう言います。「決められないのなら、入るようにはなっていないのよ」。人生ですべてが同時に手に入ることなどないのですから、もしここで誰かが私と何かすることで必要なものが得られないのなら、どこか別のところで得られるのだと信じています。

最近よく思うのは、人はクリエイティビティを脇においてしまいがちということ。人々は自己発見の冒険に乗り出そうと、この場所にやってくるのですが、それは瞑想、セラピー、秘儀的な技法、あらゆる種類のワークショップを通して行われるものと思われています。選択肢が多すぎて、クリエイティビティはたいていリストの一番下に置かれてしまっています。まずセラピーを受けて自分を掘り下げ、自分の中にある暗い部分をのぞきこみ、痛みや恐怖を癒して、本当の自分を見つけなくちゃならない。そうしたら、いつかクリエイティブになれるかも……これが、クリエイティビティについての共通理解です。

はっきり言うと、このアプローチは間違っています。もし本当に自分の隠れた暗い部分を見たいのなら、内側にもたくさんの光が必要です。そうしてはじめて、問題に直面できます。つまり〝クリエイティビティ〟が、自分の美しい側面をサポートしてくれてこそ、この自己発見の旅ができるのです。自分の美しい側面がサポートされると、暗い部分も喜びをもって見ることができるようになります。

ですから、まずはクリエイティブな活動から始めましょう！　あなたの内に眠るクリエイティビティは、インナーチャイルドの発見、自発性や感受性ともつながります。こういったものが発見できたら、もう自分の暗部に押しつぶされることなく、「これが見られたからこそ、成長できる」と感じることができるでしょう。

それではいざ、出発！　参加者、ヘルパー、アシスタント、みんな一緒に歩き出します。リゾートのバックゲートへと続く道を歩き、素敵な黒いピラミッド型の建物へと入ります。このピラミッドは、数千年前に実在した神秘家のナロパの名を拝借しています。リゾートにある建物はすべて、ラオツ（老子）、クリシュナ、ジーザス（イエス）など、過去に存在した神秘家たちの名にちなんで名付けられています。

私たちは階段を上り、巨大な三方の壁がガラス窓になっている部屋に入ります。空間が広すぎて方向感覚を失ってしまうと言う人もいますが、私は大好きです。私のプログラムには広大なスペースが必要ですから、許されることなら、自分が絵を描くために、リゾートのすべてを使いたいくらいです（笑）。

いつもトレーニングの始まりは、参加者たちに円状に座ってもらい、名前、出身地、トレーニングを受けようと思った動機などを紹介してもらいます。でも、今日はプラザで大勢の人に揉まれたせいか混沌としていて、みんなのエネルギーは、まだゆっくりと座る準備ができていないようです。ちなみに私にとって、エネルギーとは脈動であり、心臓の鼓動、さらに言えば、六週間のワークショップという帆船を動かす風です。エネルギーを正確に言葉に表すことは難しいですが、この本を読み進むにつれて、しだいにどんなものかお分かりいただけるのでは、と思っています。

話を戻すと、ピラミッドに入った参加者たちはまだ落ち着いていないので、自己紹介を始めても、ただ〝頭（マインド）〟だけで出会うことになりかねません。ちなみにマインドというのは、毎日の生活で、人と接するのに使う、精神活動の中でも観念的な表層のことです。ですから、私は音楽コレクションの中からアップビートな曲を選んでかけます。参加者はそれに合わせて踊り始めました。このトレーニングで重要なことは、参加者がマインドからハートへ、さらに本人の深い意識レベルへ移ることなのです。これを実現するには、〝身体〟を動かすことが近道なのです。

マイクを使って、踊りながら床に触れる足の感覚に意識を向けさせます。私たちは怪我でもしない限り、足の裏や脚のことを考えたりはしません。身体を移動させる道具に過ぎないと思いがちですが、これは大きな間違いです。足には多くの秘密があります。例えば仏教の瞑想〝ヴィパッサナー〟は、まず足を組んで目を閉じ、呼吸のリズムを見ます。次に立ち上がり、ゆっくりと歩きます。視線を地面におき、足裏が地面に着くときの足裏の感覚に意識を向けます。こうすることで瞑想者にとっての〝気づき〟あるいは意識の炎がゆっくりと育っていくのです。

かつて私は、日本舞踊を学びましたが、ここでも、足裏や背中に気づくことが大切であることに気づきました。さらには舞踊の師匠を通じて、踊りが持つスピリットを吸収しました。師匠を通じて、人が地に足を着けて、身体と根づき、目覚めるためには、ダンスが効果的な方法であることを体得したのです。

このことを参加者のみなさんに伝えたいと思い、踊りながら足だけでお互いが関わるようにと伝えます。足同士が触れあって、挨拶をして、一緒に踊るようにするのです。これはとてもシンプルですが効果的です。なぜなら知らない人同士が顔を突き合わせると、急にエネルギーが縮こまってしまうことがよくあるからです。

でも、参加者のマインドは「この人とはエクササイズをしたけど、あの人は避けたいな」なんて意見を言い始めることでしょう。でも、足で人と関わる場合、それほど個性が気にならないもので、お互いにリラックスしたままでいることができます。足とは身体の中でも本当に無垢な部分なのです。

こんな風にして数分間「あんよごっこ」をした後で、私はゆっくりと身体の他の部分に意識を向けさせます。それから「自由に踊って、アイ・コンタクトをしながらパートナーを変えましょう」と言います。私はリーダーであり、円滑にトレーニングを進めるファシリテーターなのですが、とにかくダンスが大好きなので、みんなと出会いながら部屋中を踊ります。

「踊りを通して身体とつながるのは、自分の本当の気持ちに気付くのに役立ちます」と、私は再びマイクを取り、グループに話しかけます。

「目を閉じて自分の気持ちを探しましょう。身体の動きで気持ちを表現して！」

徐々に周囲の空気が変わりはじめ、気持ちが強まり、みんなの踊りが誇張されていきます。それから目を開けて同じことを続けます。

「この空間と周りで踊っている人をすべて飲み込んだら、気持ちにはどんなことが起こりますか？」

楽しそうな人もいれば、悲しそうな人もいます。中には不機嫌だったり、怒っている人もいます。これは、私たちの内側にあるごく普通の感情です。気持ちを人と分かち合おうとする人もいれば、ひとりで踊っている人もいます。それでも時間が経つにつれて、ほとんどの人が楽しそうなムードへと変わっていきます。それには知らない人同士とは言え、音楽に身体を預けて、美しい空間で踊ることができるという部屋の雰囲気も大きく関わっています。

こうしたムードに包まれ、これらのシンプルなエクササイズをすることで、私たちはみなこの部屋に〝たどり着く〟ことができました。今、この場所に、頭も心も、感情もエネルギーも全部そろって存在しています。この状態になれば、最初のシェアリング・セッションをすんなりと始められるでしょう。

音楽を止めると、私たちは大きな輪になって座ります。私は一人ひとりの顔を見回しながら、プネーでのトレーニングがどうして特別なのかを思い直します。私は世界中でトレーニングをしていますが、この場所ほど多様な民族や文化が出会い、交わるところはないのです。私はこれらの国々に行くまでもなく、プネーでのトレーニングを通してその国々を理解できます。参加者たちは、異なった文化や職業を持ちながらもクリエイティビティについて、互いの考えを話す場面になると、いつもなぜか同じ論点が繰り返し浮かび上がります。しかし、このシェアリングこそが、国を超えて私たちがひとつになる助けをしてくれるのです。誰もが同じ問題と真剣に向き合おうとするのですから……。

このことをしっかりと心に留めて、私はみんなと一緒に「過去への旅」へ誘います。各々が楽な姿勢で目を閉じたら、「あなたはどんな子供でしたか？」と尋ね、幼少期に起こったクリエイティビティにまつわる出来事を思い出してもらい、その中からひとつ、辛かった記憶をみんなにシェアしてもらいます。

初めから過去を掘り下げるというのは、一般的にハードルが高いと感じられるかもしれませんが、ダンスの効果もあってか、子供時代の記憶や出来事は、みんなの口から苦も無くすらすらと出てきました。それに参加者のみなさんは、このトレーニングのために数千キロの旅をしてきているのですから、そもそもの意欲のレベルが高いのは、当然と言えるかもしれません。


ここからは参加者の発言を見ていきましょう。まずはヴァルダンという女性がシェアをはじめました。幼少時代に母親が庭で花を摘むのを見たときの話のようです。

「母が摘んだ花はすごくきれいだったので、学校の美術の時間に、その花を一生懸命に描いたんです。でも誰もほめてくれなくて……。それに学校の先生は私の絵を一度も優秀作品として選んでくれなかったのです」

これが彼女のクリエイティビティを傷つけてしまったのでした。

それから何人かのシェアの後で、別の参加者、ディプティという台湾から来た小柄で美しい女性が話します。興味深いことに、彼女の経験は正反対のものでした。彼女の絵はいつも先生に選ばれ、教室の壁に貼られていたと言うのです。しかし彼女は内側深いところで、自分が少しも正直でないことを感じていました。みんなに受け入れてもらい、認めてもらうためにいい子になって、〝お利口さんな絵〟を描くようになっていたのでした。

「このことで、私は自分がインチキだと感じました」彼女はやわらかく、小さな声で告白しました。

ここまでをお読みになって、あなたはどう感じましたか？　子供がどれほど傷つきやすい存在で、クリエイティブな衝動はどれほどたやすく損なわれるか、分かっていただけたと思います。ひとりは自分の絵が決して選ばれなかったことで、もうひとりは、自分の絵が常に選ばれたことで、クリエイティビティの芽を引っ込めてしまいました。どちらの場合も、その子の個性的な表現を伸ばす手助けでは無かったのです。ディプティもそんな状況を敏感に感じ取って、大人たちに褒められるために、先生が望む絵を描いてしまったのでしょう。

もうひとつ、話を紹介しましょう。アテネからやってきた大柄な金髪の女性アレクサンドラは、エネルギッシュで魅力にあふれています。彼女の話は最もドラマティックでした。子供のころ、ひとり遊びが好きだった彼女は、絵の具を使って〝色と遊ぶ〟ことができたようです。しかしある日、母親の口紅の色が気になって仕方なくなり、無断で持ち出して隠してしまったのです。怒られても口紅を返さなかったアレサンドラに母親は憤然とします。

「口紅を返さないなら、絵を破ってしまうからね！」

アレクサンドラは母の言葉を信じませんでしたが、絵は目の前で全部破り捨てられてしまいました。彼女にとってこれはあまりにもショックな事件でした。絵が破られるのを目の当たりにして、彼女の内側の〝何か〟が壊れてしまったのです。その後も絵は描き続けたようですが、子供のときに感じた、創造の源が腹の底から湧き上がるような気持ちにつながることは、なくなってしまいました。大人になった自分に、あの〝マジカルな気持ち〟が戻ってくるのだろうかと思っているようです。

話しながら、彼女は泣き始めてしまいましたが、私は彼女の勇気に胸を打たれます。このようなシェアリングは、トレーニングの本質的な要素ですが、実際に本質に触れるのは勇気がいることなのです。

〝本当の傷〟に触れると、最初は本能的にそれを押しのけたり、忘れたふりをしたり、ときには自分から隠そうとしたりしますが、本当の傷こそが、過去を現在に蘇らせることができます。勇気を持ってその傷に触れ、昔に感じた痛みを再体験します。心の暗い片隅に隠されたままにせず、気づきと理解の光の中に持ち込むのです。すると、傷は自然に癒され始めます。こうしない限り、クリエイティビティのエッセンスに触れることは不可能なのです。

このように本当の傷を知った参加者に対して、私はすべてを受け流してしまいわないように注意します。開いた傷口に応急処置をしたり、慰めを与えたりすれば、本当の癒しが起こる妨げになってしまいます。アレクサンドラに対しても、ハートを開いて耳を傾ける以外は何もしません。でもそれだけで十分なのです。彼女は大人だし、自分のインナーチャイルドを支えることができます。

シェアをしているみんなの暖かい雰囲気がある限り、同情や優しい言葉は不要です。彼女は形こそ違うものの、誰でも同じような経験をしていることを知っています。

もうひとつ紹介したい話も女性のものですが、かといってグループが男子禁制なのかなんて思わないでください（笑）。参加している男性については後から紹介しますね。

物静かで美しい日本女性、サンギータと呼ばれる五十代の女性で、広島市の近郊に住んでいます。彼女がプネーの話を初めて聞いたのは、もう何年も前のことで、一度だけこのリゾートに短期間滞在したこともあったようです。

幼かったころの彼女のエピソードは鯉のぼりの絵を描くというものでした。

「まだ小さく、幼かった私には鯉のぼりの魚は全体が大きすぎて、目だけしか捉えられませんでした。なので私は魚の目だけを描きました。その時間はとても楽しく、目を描くことに没頭しました。でも、その絵を見た先生に、『何をしているんだ！　そんなものをここで教えているんじゃない！』……私にとって、これはあまりにショックな出来事でした。それ以来、私はクリエイティビティを無くしてしまい、二度と絵を描くことができなくなってしまったのです」

さて、このようにして参加者全員がシェアを終えると、いよいよ紙を使ったトレーニングに移行します。ここで使う紙は特別なもので、少し灰色がかった白色で、分厚く、繊維を織った質感があります。これはプネー市郊外で作られたハンドメイドの紙です。この紙に触れると、指はすぐに繊維の質感を思い出し、自分の感覚と自然につながることができるのです。

さて、トレーニングを続けます。床に積み上げられた紙を取り、私はこう言います。

「この瞬間、この紙だけがあなたにとっての世界です。あなたの人生にこの一枚の紙しかないとしたら……あなたはどうやってこの紙と関わり、何をしますか？　あなたの内側でどんな感じがしますか？」

このように私がほんの少しあと押しをするだけで、参加者はこの状況の意味を自ら探求し始めます。紙を曲げてみたり、子供のような好奇心で紙を見つめたりしています。

さらに、ここでは結論を出そうとしたり、特別なことをする必要はないと注意を促します。

「あなたたちも気がついたことがあると思うの。子供はシンプルな素材があるだけで、際限なくクリエイティブでいられることに……。例えば、砂浜で遊んだことを思い出して。水と砂しかないのに、何も使わないでも何時間でも遊べるのよ」

さらに続けます。「その瞬間に子供たちはわくわくしているの。私も子供のときに、おばあちゃんに同じ話を何度もねだったものよ。話が分かっていても、子供のころの私にとって毎回が新鮮に感じたの。この感覚をあなたたちも思い出して欲しいの」

ここまで話を聞くと、紙をくしゃくしゃにし始める人もいたり、丸めてボールにしたり、ドレスの形にしようとする人が出てきます。別の人は真ん中に穴をあけて、舌をそこから突き出しました。トレーニングを行っている場には、制限の感覚も、もったいぶった感じの雰囲気もありません。「ねえ、この紙がいくらするか知ってるの？」などという、古い記憶は脇に投げ捨てられています。

クリエイティビティについての態度を論点にするとき、グループのなかでよく出てくるのは、お金や時間、エネルギーにまつわる社会的、経済観念を持って、その価値を測ろうとする人です。クリエイティビティは、とかく時間と労力の無駄遣いと結び付けられやすいのです。

「現実的じゃないね。目的が見えないものに、せっかく稼いだお金をドブに捨てるようなものだよ。何の役にも立たない」といったように……。しかし、私たちがここで創り出した無邪気とも言える雰囲気は、経済観念とは無縁なものです。

さらに、いよいよこの〝実験〟を一歩進め、互いに誘い合って一緒に遊ぶ段階にきました。すると、エネルギーはみるみるうちに上昇し、この場所はすぐに巨大な保育園のようになりました。

部屋の片隅で、日本人の男性がイタリア人女性の足元に紙を置く様子が目に飛び込んできます。男性はその子に「紙をマットのように踏んづけて」と言うのです。彼女はにっこり笑ってその上に乗っかり、楽しそうに踊り始めます。男性はもう一枚紙を取って、マットをもうひとつ作ります。彼女はその上に飛び移ります。一枚、一枚と、ますます速く男性は彼女を部屋中に連れて回ります。

ふたりが繰り広げるこのゲームは、とても素敵でした。女の子が踊り、男性が彼女のために道を作っていく……。

こんな調子で、この瞬間、人々はくつろぎ、自発的に、心に浮かぶままに創り出していきます。意識しないうちに、クリエイティブなプロセスそのものへの鍵を手にしています。

もちろん、最初はそれが簡単には思えません。紙一枚だけで？　ほかに何も使わずにだって？　幼稚園でさえ、もっとサポートしてもらえるのに……。先生に言えば、ハサミやノリ、絵の具や鉛筆など、役に立ちそうなものを持ってきてくれるかもしれません。

でも、ここで与えられているのは「紙一枚」だけです。その代わりに、クリエイティビティが内側からやってくるのを感じてもらうためです。これが、私が目指していることなのです。

トレーニングが行われているスペースの雰囲気は良い感じです。参加者はお互いをそんなによく知らないのに、〝ひとつである感覚〟が生まれています。誰かが紙をちぎり、雪のように降らせています。紙飛行機を折って飛ばしている人もいます。紙で出来た鳥や家、草を編んで作るハワイのスカート、望遠鏡、あらゆる種類の紙で出来たお面もあります。

みんなが心ゆくまで楽しんだ後で、部屋の真ん中に自分たちが創ったものを集めるように誘います。私たちはできあがった山の周りに輪になって立ちます。興奮が落ち着いたところで、私は言います。

「ほら、目の前にみんなの〝クリエイティビティ〟があるのよ。この愛おしいみんなの作品……

時間をかけて、味わいつくしてみて。この瞬間は、もう二度と戻ってこないものだから」

二度と戻らない瞬間というのは、本当に魅惑的です。参加者が創り出した作品のパワーに心の底からワクワクし、私はみんなのクリエイティビティに魅了されます。もともとは四角かった紙がありとあらゆる形に生まれ変わり、それらをこうしてひとつにまとめてみると、クレイジーな建築物のようにも見えます。グループのみんなに語りかけます。

「私が子供のとき住んでいた村は雪深かったから、雪で家やいろいろなものを作っていたわ。みんなの作品を見てそのときの気持ちが蘇ってきたわ。なぜってほら、窓から入ってくる光が紙を照らして、本当に雪景色のように見えるの。みんな今、経験して分かったでしょ？　クリエイティブになるためにいろんなものは必要ないの。ハートを開けばクリエイティビティも自然に開いてくるものなのよ。だから、今、この〝入ってくる〟感じに任せて。そうしたら、このフィーリングと理解を、あっちにあるペインティング・ルームまでもっていきましょう」

さて、ペインティング・ルームのあるクリシュナ・ハウスの屋上では、参加者が座るクッション、手作りの大きな紙、絵の具とインク、絵筆、スポンジ、水が入った小さなプラスチックのバケツが置かれています。場所は四人分でひとまとめにされているので、座ると横にも前にも誰かしらの人がいることになります。

この屋上の部屋は細長い形状で、グループを左右に半分ずつに分けるように二つの大きなペインティング・エリアがあり、真ん中には、踊ったりシェアリングをしたりするスペースが設けられています。

そうそう、自分ではあまりに自然なことで書き忘れそうになりましたが、ここで絵を描くとき、立って描かないというルールがあります。座ったり、床にひざをついて描きます。

なぜだと思いますか？　人は立つとエネルギーが上昇していき、意識が頭やマインドに入り込みやすくなるのですが、先述したように描くと全身が使われて、ペインティングのプロセスが有機的になりやすくなるのです。私もかつては立って絵を描いていましたが、この方法に変えてからは、一度も立って絵を描いたことはありません。

まず、みんなに座る場所を見つけてもらい、紙や絵の具に触れる前に、目を閉じるように言います。そしてゆっくりと感覚を研ぎ澄ませながら、自分の顔に触れてみるように伝えます。絵を描くことを教えるはずなのに、指で自分の頬をなぞっているのですから……それは不思議な光景です。

しかし、これにはちゃんとした理由があります。ペインティングは〝ビジュアル・アート〟です。つまり、絵は目を通して映し出されたものを心が鑑賞するということで、他の感覚を一切使いません。ですから絵を描くという活動は、ともすると知的な側面に偏りがちで、それ以外の要素から切り離されてしまうのです。これは現代美術が路頭に迷ってしまった大きな理由でもあります。いつからか絵画は〝知性のみが創り出したもの〟になってしまったのです。

こうした現実に直面した私は、絵画に自然や人間の内部にある、知性以外のものを内包するにはどうしたら良いかを考えました。私が思う真実を言うと、人間の内側深くにある、腹の底から湧き出た絵画でない限りは、価値はないのです。なぜなら、そうでないと、自分自身の独創性、真のクリエイティビティに触れることはないからです……。

もちろん、テクニックを使えば、誰にでも絵は描けます。これは、美術学校で教えられるやり方ですが、そういったものに頼った絵画のなかで、私が求める〝有機的な質〟を見ることはまれなのです。私はみんなに説明します。

「私は知らないという、ゼロの段階から始めてみましょう。みんな普段から鏡で自分の顔を知っていると思っているでしょう? 私の目は青いとか、鼻先はとがっていることを知っているから描写できると思っている。でも、それを一度捨てて欲しいの。あなた方が赤ちゃんだったころ、何でもその手で触れて、口に入れて味わい、経験していったのよ。大人になった今は、意識的にこの段階に戻る必要があるの」

顔から始めて、私は頭全体を触るようにガイドします。それから頭頂部、耳、首、肩、胸、おなかに降りて、太ももから足先まで触っていきます。しばらくしてからこう言います。

「今まで触っていないところはあるかしら？　セックス・センターを無視していない？　そこを触るのは禁じられているのかしら？」

私がＯＳＨＯの弟子として学んだことのひとつに、セックスのエネルギーは人間が持つ力、全体の源という真実があります。これは出発点、源、命の泉として湧き出し、身体中に広がるにつれて形と性質を変えていきます。

このエネルギーが生き生きしていないと、去勢されたようになってしまいます。偉大な芸術家たちが、いつの時代でも非常にセクシャルな人々が多いのは、クリエイティビティとは性のエネルギーが溢れ出したものだからなのです。

「自分に触れることは、何も悪いことじゃないから区別しないで。頭は良くて、性器は良くない部分だなんてことはないの。幼いころは親に咎《とが》められるまでは、区別などなかった。でも、人は成長するにつれて、ゆっくりとこの無垢な感覚が奪われていく。でも今、ここでは、みんな目を閉じている。誰もあなたを見ていないし、あなたのことを判断する人もいません。だからあなたは恐れず、自然でいられます」

こうして身体全体を触り終えたら、ゆっくりと手を身体から離します。目は閉じたままで、腕を前に伸ばします。何かに触れようとして、差し出す感じで。

「それが何なのか分からなくてもかまいません。分からずとも、ただ感じる自分でいるのです。

深い切望のフィールを感じて」

これは象徴的なジェスチャーであり、一人ひとりの経験は異なるはずです。例えば、子供のころにお母さんに手を差し伸べてもいなかった。抱き上げてもらい、ぎゅっと抱きしめて欲しかったのにそうならなかった。あるいはお父さんや恋人に手を差し伸べる……という場合もあるでしょう。中には、自分を超えたものへの憧憬《どうけい》を形にしたいというようにもっとスピリチュアルな経験をする人もいるでしょう。また別の人は、このグループの中では特に、クリエイティブでありたい、美を表現したいという切望を表すかもしれません。いずれにせよ、手を差し伸べる姿勢によって、全員が同じフィーリングとつながります。

「このフィーリングを感じながら腕をゆっくりと下ろし、床の上にある紙に触れます」

これまで数多くの人々のトレーニングをしてきた経験から言うと、床に座り、目の前に置かれた真っ白な紙を見ながら、これから絵を描くのだと考えた瞬間、内側の何かが恐怖で凍りついてしまうものです。なぜなら、自分のクリエイティブな衝動が阻止された幼少期の出来事を思い出してしまうからです。

両親は子供にパブロ・ピカソのようになってほしいと願っていたかもしれません。もちろん絵画だけでなく、何をするにしても、優秀であることを願ったでしょう。しかし、こうした親の野心が、子供の喜びやスピリットを押しつぶしてしまうのです。子供は親の期待に応えることなど無理だと知っています。だから多くの場合、絵を描くという考えそのものを捨ててしまうのです。

しかし、クリシュナ・ルーフの屋上で、目を閉じたまま、何かを描こうとするのでもなく、触れるという原始的な感覚を通して紙とコンタクトすると、これまでの絵を描くという行為とはまったく異なる経験になります。目の前で波のように揺れていた手が、ゆっくりと大地へと戻っていき、紙との最初の触れ合いが起こります。

「指先で軽く触れたり、手の平で押さえつけたり、手の甲で撫でてみると、手が紙に触れる部位によって、感じ方が異なるのが分かるかしら？　右手と左手でも触れた感じは違うかもしれないわ。自然と手がある一定の動きを始めるかもしれません。円を描いたり、対角線上に手を走らせたり……」

私は紙の端っこにも触れるようにガイドします。というのも、普通はここに〝境界線〟があるからです。紙の端でひとつの世界が終わり、また別の世界が始まります。みんなにその線を越えて探求してほしいのです。紙と床に何の違いもないように、絵画とそれを取り巻く世界全体の間も同じなのです。もしかすると、画家の内側にあるフィーリングと作品に現れる外側の表現の間にも違いはないのかもしれません。

しばらくしてから目を開けて、手の感触やフィーリングに変化が起きないかを感じてもらいます。

「手を動かす速さが変わるかどうか、今感じている感覚がなくなるかどうかに気付いてください。

無邪気に探求していた質が維持できるでしょうか？　それとも、大人のマインドに引き戻されてしまうでしょうか？」

これはとてもデリケートな瞬間です。目を開けると、急に自意識が戻ってきて、自発的な流れが途切れてしまうことがあるからです。急に自分は何をしていて、他の人が見たらどう思うだろう。今からは何をしたらいいのかと、考えてしまいます。

「自分とのつながりを失いそうに感じたら、もう一度目を閉じて。急がなくていいのよ。紙の横に何が置いてあるでしょう？　絵の具やインク、絵筆やスポンジ、それに水もあります。あと、緑とか青とか、色に名前を付けないで。それにこの色は好きでこれは嫌いだなんて、考えなくていいの。容器を開けて、材料に触れて、ただその感覚を探求してみて」

ちなみに小さなプラスチックの容器に入れたアクリル絵の具がひとりに十二色、ビンに入ったインクが五色用意されています。

ここで、私がペイティングのための材料をどうやって選んでいるか説明しておきましょう。アクリルは合成絵の具で、乾くと完全に固定されます。水彩絵の具は乾いても濡らせば取り除けますが、アクリル絵の具ではそうはいきません。そこがこのトレーニングで使うと面白いのです。前に進むことしかできないので、画家にとっては大いなる励ましになるのです。アクリルの絵の具は人生にも似ていますね。巻き戻しボタンはありません。未来へ向かって進むしかなく、過去に戻れないのです。それにアクリル絵の具はビギナー向けの良い画材でもあります。描いたものの上に何度でも塗り重ねることができるので、新しい形をつくったり、変化させたりもできます。それにトレーニングで使う紙は厚くて強いので、絵の具の重さで破れることもありません。さらにアクリルに加えて使用するカラーインクは鮮やかな色味と透明感という二つの特質を持っているので、アクリル絵の具の上にこのインクを散らしても、下の色が透けます。カラーインクは絵に深みを与えて、ムードを生み出します。これらの画材は、私たちの感受性を開く力を持っています。

みんなに紙の上で、アクリルとインクで遊ぶように誘いますが、一度に全部を使わないようにと付け加えます。全色を使わねばならないと思った瞬間、またもや何をしたらいいのか、どのように組み合わせたらいいのか……という類の考えに囚われてしまうからです。

そのため、みんなにできるだけ楽なステップで進んでほしいのです。

「あなたが本当に惹きつけられる色をひとつ選んで、その色とつながってみましょう。好きなやり方でかまいません。どんなやり方でもいいから、紙の上にその色をぬりましょう。絵筆でもスポンジでもいいし、指や足を使ってもいいのよ」

一色だけならずいぶんと安心できますし、好きな色であれば、なおさら親近感が抱きやすいでしょう。自分の経験から言うと、紙の上にまず好きな色を塗ると、身体の中にある記憶のようなものが動き始めます。次の色は自然にやってきます。それは考えた末のものではなく、ちょうど最初の色に対する応答のようにやってきます。これは細胞の記憶のようなもので、頭ではなくて本能で描きます。

数分後に、みんなに止めるように言います。そして、目を閉じて内側に入り、朝から一緒に創ってきた子供心を持ったスペースにつながるように促します。

「このつながりを失いそうに感じたら、いつでも止まって、内側に入って、そしてつながりなおして」

私は参加者に対して、ある一定の描き方、ある種の構成の仕方やテクニックを使うようにはガイドしません。そうではなくて、切望の感覚、特に美に対する切望、あこがれの感覚につながるように促します。未熟で、絵の才能がなくても、誰でも自分の人生において何らかの美を表現したいと思っています。私はその気持ちをサポートし、励ましたいのです。

何かしたいというクリエイティブな衝動を感じている、何ものにも制限されたくない内側の〝無垢な子供〟をサポートすること。これが、私が行っている絵画へのアプローチの第一段階です。

この衝動が満足したときに初めて、子供は体系や指針を受け入れる準備ができるのです。ですから、私のトレーニングの最初のセクションを〝プライマル・ペインティング（原初絵画）〟と呼ぶのです。このセッションは、子供時代の無邪気さに戻り、失われた衝動と再びつながり、再出発することを目指しています。

このやり方で絵を描くように誘われると、まず手始めにという感じで、家や木、兎や猫、風景、太陽、月、星というような「対象物」を描く人がほとんどです。これはごく自然なことですが、それと同時に制限されていることに気付かされます。なぜなら物体を描くと、自分のクリエイティビティが特定の形に押し込められてしまうからです。こうなると、描き続けるのが難しくなります。それに対して、動きを楽しみ、色と戯れ、形を持たない抽象のままにしておくと、柔軟で制限のない状態を生み出してくれます。

ここで私は少し身を引いてクッションに座り、くつろげるアップビートな曲をかけ、三十分程度自由に楽しんでもらいます。まだゲームの初期段階なので、これくらいの時間が限界です。これ以上長いと、知らないうちに〝頭（マインド）〟に戻ってしまいかねません。

私は静かにまわりを歩き、絵を見ることで、みんながこの段階でどのような状態にいるのか、どの方向に向かおうとしていて、自分のクリエイティビティをどう探求しているのかを観察します。部屋の雰囲気は、みなが夢中になって絵画に集中しています。私にはこれまでに多くのトレーニングをリードしながら得た、第六感がありますが、全員が同じエネルギーの波に乗っていると感じられます。取り残されていたり、フラストレーションを感じたり、ボーっとしたり、落ち着きを失ったり、途方に暮れている人はいません。

これから始まる長い旅のスタートとしては上出来です。ここまで、少しずつステップを積み重ねることで、絵画への新しいアプローチの入り口に私たちはたどり着いたのです。

さあ！　私が冒頭でも語った〝革命〟の始まりです。これから先に多くのステップが待っています。そして私に課されたチャレンジは、このトレーニングの意味、さらには現在の美術の世界に対して持ちうる影響力を、読者であるあなたとシェアすることです。これまでに私が発見したことの意味を残さずに、言葉で表現しきれるかどうかは、この本を書き終えて、初めて分かることでしょう。

この瞬間は未知のベールに包まれています。しかし、アクリル絵の具で絵を描くときのように、後戻りすることはできません。人生のように、巻き戻しボタンはありません。一歩ずつ前に進むしかないのです！

第2章

自由の柱

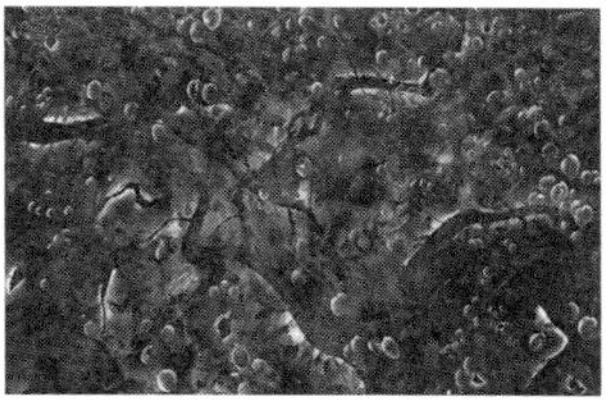

さて、トレーニングの続きを話す前に、私が最も影響を受けた三人の画家、ヴィンセント＝ヴァン＝ゴッホ、パブロ・ピカソ、ジャクソン・ポロックについて触れておきたいと思います。敬愛する彼らのことを説明しだしたら際限が無くなるので、ここでは彼らが導いた、美術表現というクリエイティビティの本質的な要素をまとめたいと思います。

①内側と外側の経験の間にある境界を溶解する

②子供らしい無垢の状態から絵を描く

③瞬間ごとに、前もって意図することなく、エネルギーの自発的表現を許す

この三人の天才が持つ特質は他《ほか》にもありますが、私にとってはこの三つの特質がもっとも重要です。クリエイティブな表現の鍵として、それだけで十分に貴重だと言えるものですが、それにとど

まらず、人間の意識そのものの本質に欠くことができないほど、意義深い境地へ至っているからです。彼らが私に与えた影響は限りなく大きく、私が世界中を旅して、絵画のあらゆるスタイルを研究する「ジプシー画家」となり、インドに滞在するという人生を選んでいる理由にほかなりません。しかし、今それについては深く語らないことにします。これは美術の歴史と理論に対する講義ではありません。ただ、この話をしているのは、私が行っていることを説明するために、触れる必要があるからです。そうでなければ、私のトレーニングを知的に理解することは難しくなってしまうでしょう。

さて、今日の私たちのペインティング・トレーニングに話を戻します。ちなみに、ここで指す「今日」とは、トレーニングの初期段階の一日のことを指します。それ以上、具体的に特定する必要はないでしょう。なぜなら私の教え方はとても柔軟で、二度と同じワークショップにはならないからです。したがって、この本では、トレーニングの中心的なポイントだけを話し、どのように展開するのか大まかな印象を提供したいと思っています。

クリシュナ・ハウスの屋上で次のセッションをはじめる前に、参加者にはまっさらな紙が配られ、もう一度新しく絵を描くことを知らされます。絵の具と紙は必要な分を好きに使ってもOK、これがトレーニングに自由で豊かな雰囲気を作り出すのに一役買っています。

「さぁ、あなたの内側にある美を表現したい気持ちを思い出しましょう。自分が魅力的だと思うやり方ならどんな風に描いてもいいし、自分にとって美の感覚を伝えてくれるどんな色を使ってもいいのよ」

なぜ〝美〟という言葉を強調するのか、あえて説明はしません。ここでは自分のものだと感じ、執着するようなものを創ってほしいのです。実はこの後、自分の絵を別の人に渡して描き続けてもらうのですから。

みんなが描いた絵は、ワイルドで混沌としたものばかりでした。これはつまり、それほど自分の気持ちがこもっていないことの表れです。これだと何の抵抗もなく人に自分の絵を渡すことができますが、自分のハートの切望につながってそれを表現した絵を他人に渡すとなると、どうでしょうか？　渡しづらいなと思う人も出てくるでしょう。それほどに強いインパクトを持つことになります。

このエクササイズを行うのには、もうひとつ理由があります。トレーニングを始めたばかりの段階でも、これほど自由に探求する場があると、絵筆の動かし方や色使い、線や形の種類など、参加者各々に型にはまった習慣が生まれてきます。そのため、自分の絵を誰か別の人に渡すことで、直接的かつドラマティックにその傾向を打ち破るのです。

みんなには一時間くらい自由に描いてもらったら筆を置いてもらい、描いたものを眺めます。そして、真向かいの人と絵を交換するように言います。それを聞いた若いアメリカ人の女性のラジャニが泣き始めてしまいました。彼女はこう言います。

「美しいものを描きましょうと言われ、嬉しくなって、勢いのままに描き始めました。でも、自分が思ったようには描けません。どうしていいか分からなくなって、悲しくなりました。気が付くと、私はどうやって美しく描いたらいいかを知らなかったのです」

このような状況は、私のトレーニングではよくあることです。私としては、ある種の経験をしてもらえるように注意深くメニューを組み立ててはいますが、トレーニングの進行中に突然、他のテーマが飛び出してきて、進路全体が変わってしまうこともあります。

私としては、予想外の出来事は歓迎です。それは特に難しいことではありませんし、変化が起こることで、トレーニングが驚きに満たされ、生き生きとすらしてくるものです。

ラジャニの涙は、今ここで姿を現しています。時が経てば彼女の涙は乾いてしまうし、彼女のムードや興味もまったく違うものなっているかもしれません。それに、私は長年のトレーニング経験から、ラジャニが感じているフラストレーションは、誰にでも共通するものだと分かっています。ですから、それを直視することはグループのみんなにとってもチャレンジになるでしょう。

ということで、計画していたエクササイズは、後回しにします。みんなには自分の絵から離れて、部屋の真ん中で円になって座ってもらい、そして、ラジャニに話しかけます。

「クリエイティビティについて、私たちは凝り固まった考えを持っています。創作や美への考えは、どれも借り物です。なぜならそれは自分だけが持つエネルギーの源泉からやって来たものではないし、第一にその源泉のことを、あなたはまだそんなに気付いていないからです。困ったことに、私たちは子供のころから、物事をどのように見るかといった、外側からの価値を重視するように訓練されています。子供向けの本でさえ、世界を理解するために決まりきった見方をしているのです。例えば物の名前だと、これは犬、これは木……というように、ラベル付きの絵を見せられ、物心がつく前に情報を詰め込まれ、白黒がハッキリした形で教えられてしまいます。いい人と悪い人、美しいものと醜いものというのも同じね。でも、少し前に起きたことを思い出してほしいのです。あなたたちは夢中になって絵を描き始めました。無邪気でやる気満々で、〝さぁ、これからすごくきれいな絵を描くぞ！〟って。でも、実際に描き始めた途端に、みんなの頭の中に古びた考えが押し寄せ、押しつぶされそうになってしまった。そうじゃない？」

ラジャニは頷きます。そこで私は、簡単なゲシュタルト・セラピーを行ってみることにしました。もちろん私はセラピストではありませんが、人間の心理を扱う基本的なノウハウを知らないままでは、このようなグループ・トレーニングを行うことは不可能です。

絵画は鏡のように、自分自身の心のあり方をすべて映し出します。そして幼いころにあった自己形成期……柔軟で傷つきやすく、周りの態度や考えに無防備だった状態に、私たちを連れ戻します。そこは幼年期の心象風景や心の傷が、無意識に支配しているので、それに直面し、認め、そして癒される必要があります。だからこそ、グループの最初のステージを私は「プライマル・ペインティング」と呼ぶのです。

私はラジャニに目を閉じるように言います。そして、自分の中に存在する二人の人格を見つけるように促します。彼女にとってそれは、ひとりは無垢な子供で、もうひとりは批評家でした。私はふたつのクッションを前に置き、片方を無垢な子供、もう片方を批評家としてから、まずは無垢な子供のクッションに座るように促します。こうして、座ったほうのその人物になるのです。

すぐにラジャニがリラックスするのが分かります。ハートに触れるものがあり、エネルギーが広がっていくようです。子供のようなスペースで、アメリカ人特有の若さにあふれた積極性もあります。

次に、批評家を表わすクッションに移ってください、と言います。すると、なじみのある人物が浮き上がってきました。彼女の父親です。父親は支配的で、いつも無邪気な子供の振る舞いを批判し、この子にとって何が一番良いか知っているのは自分だと思っているのです。

このふたつの人格を経験するように彼女をガイドしていくと、鍵となるテーマが浮上してきます。父親の観点では、自分が行うことを把握していることが大切なようです。これは絵を描くときも例外ではありません。

「自制心を失うな」と、この人物になりきってラジャニが言います。

父親の世界観において、絵を描くといったクリエイティブな活動でも、工場のベルトコンベヤのような質がないとダメなのです。目標を定めて突っ走り、完成品をめざします。まるで新しい発明の特許を取るような態度です。

しかし、無垢な子供側のクッションに座ったラジャニはこう言います。

「一番強い気持ちなんか、分かんないや」

「いいわよ。この〝質〟はとても貴重だから、大事に育てて欲しいの」と、私は答えます。

「誰だって、あなたのお父さんのような考えをするよう訓練されているの。でも、クリエイティブなプロセスはそんな風にはいかないの。クリエイティビティを発揮するには、〝分からない〟というスペースに触れないとダメなのよ。例え不可解なことや隔たりが起きても、分からないことを恐れたりしないで、ありのままの中に溺れていく感じで、この瞬間を味わって！　マインドによってあらかじめ決められていないもの、それが〝分からない〟という感覚の美しさなのよ」

ちなみに、私の母国語は日本語ですが、このトレーニングでは英語で話しています。時々、自分が話す言葉を聞きながら、こういった言葉がどこから来るのか不思議に思います。

「ありのままの中に溺れていく感じで、この瞬間を味わって！」と。読者のみなさんが、このような言葉遣いが気に入らなかったら、お許し願いたいと思います。でも、この言葉こそ、私が言いたことをズバリ表現しているのです。

このゲシュタルトのプロセスでふたつの声に働きかけることで、ラジャニは内側の葛藤を理解します。でも、より深いレベルでそれを感じてほしいため、ちょっと方向性を変えて、壁にかかっているＯＳＨＯの写真を見てもらい「それを見て内側からどんな言葉が出てくるか、感じて」と言います。

ところで、まだＯＳＨＯが何者なのか、ご説明していなかったですね。ここで、私が「ＯＳＨＯがなんと言っているか、感じてください」とは言っていないことにご注意ください。なぜなら私は、ＯＳＨＯを宗教家だとみなしていません。私にとって、ＯＳＨＯは鏡です。彼の目を覗き込んだ人は、なぜかしら、自分の中の深みへと投げ込まれます。ＯＳＨＯはすで他界していますが、彼の写真を見ることで、自分の内側の世界に橋をかけられることがあります。どうしてそんなことが起こるのか、お尋ねにならないでくださいね。私にも分からないのですから（笑）。

ラジャニはＯＳＨＯの写真を見つめ、しばらくして言います。

「分からなくても、いいんだよ」

にっこりと微笑んだ彼女は、このプロセスを通じて伝えたかったことをしっかりと理解したようでした。ラジャニは内側の無垢を受け入れ、サポートしているのです。今まで押さえ込んで非難してきた〝質〟の価値を認めることで、彼女が持っていた価値の体系が変化を起こしはじめました。言い換えると、ラジャニは〝知らないこと〟が、多くの可能性を秘めていると分かったのです。それは借り物の知識よりも深く、瞑想やクリエイティビティに、人を強く結び付けます。これは次のステップがどこに向かっているのか、分からないままに展開する旅の一部分とも言えます。

さて、ラジャニの問題は、彼女も私も満足できる形を迎えることができましたから、ここからは中断していた、執着を手放すエクササイズに戻りましょう。

「あなたの向かいで描いていた人のところに行って、しばらくその絵を見てください。絵を内側に受け取って、準備が出来たら、座って続きを描いてください」

部屋のいろんなところから驚きの声が聞こえてきます。それを喜んでやるかどうかは別として、みんなチャレンジに直面する準備は出来たようです。こうして、三十分くらいに自由に描いてもらいます。それから、自分の元の絵の前に戻り、変容の有様を確認してもらうのです。

「今のままの絵を受け取りましょう。自分が自然に立っているか確認してください。肩は緊張していませんか？　深い呼吸をして、もう一度絵を受け取ったら目を閉じ、自分の気持ちに触れてみます。あなたの絵に起こったことを喜んでいますか？　それにイエスを感じていますか？　あるいは、嫌だと思っていますか？」

そうしたら、絵は置いたままで私について建物の地下まで来るように言います。地下の部屋には壁にクッションが張り巡らされていて、瞑想リゾートのほかの活動を妨げないようになっています。全員が部屋に着いたら、絵を交換したパートナーを見つけてもらい、向かい合って立ってもらいます。

「自分の絵にされたことに対して、〝イエス〟と感じていると思っても、その気持ちは嘘です。相手が重ねたものが美しくても、それはあなたが描いたのではないのだから……。自分が描いたものでないとき、内側ですぐに〝ノー〟が起こります。ですから、ここでは自分に質問してください。今〝ノー〟を感じなかったとしたら、それはなぜか？　それは本当に〝イエス〟を感じたからなのか、それとも、他人に対して寛容であるよう、今までずっとイエスと言うようにさせられてきたからなのか。もしそうなら、あなたのイエスには意味がありません。だからまず、自分の〝ノー〟に触れて、それを表現してください。パートナーに面と向かって、『あなたが私の絵にしたこと、嫌です！』と言ってください。他にもいろいろ言えるでしょう。繊細さがないとか、絵を台無しにしてしまってとか。自分のノーという気持ちをサポートする言葉なら何でもいいけど、言うたびに、最初に言った『あなたが私の絵にしたこと嫌です』という言葉に戻ってください」

この方法はＯＳＨＯから学んだもので、本物の〝個人〟になるためには、表面的なものや社会的なイエスを打ち砕き、自分の中の〝ノー〟につながらなければならないという考えに基づいています。このノーは当然私たち全員の中に存在します。子供のとき、心で〝ノー〟と思っていても、イエスと言わなければならなかったことがあったことをみなさんも覚えているでしょう。大人でさえ、上司や権力者の前に立って、にっこり笑い、〝イエス〟と言うことが何度あったことでしょう。そして、自分の〝ノー〟を表現してはじめて、本当の〝イエス〟につながれます。クリエイティビティの本当のパワーとエネルギーは、本物の〝イエス〟から生まれますが、まずはそのためのスペースを作らなければなりません。それには大声の〝ノー〟が必要なのです。

部屋に大声が飛び交います。自分の中の〝ノー〟を簡単に見つけ、その感情を丸ごと表現する人もいます。でも相手を傷つけたくない気持ちからそれがうまく出来ない人もいます。アレクサンドラの横を通り過ぎたとき、彼女は懇願するように私に言います。「彼が私の絵にしたこと、本当に気に入っているの」

彼女にとってのエクササイズのパートナーは、サカーマです。六十歳くらいの気品のあるギリシャ人の男性で、アテネで銀行に勤めていましたが退職して、ギリシャの島々で絵を描いています。彼は心臓の具合が悪く、それが彼に〝ノー〟と言いたくない理由のひとつだと、アレクサンドラは言います。

それで私はサカーマの方を見ますが、彼はにこにこしていて、自分の中にくつろいでいました。

「彼は大丈夫。ちゃんと自分の身を守れるわ。あなたは知らないかもしれないけど、内側に〝ノー〟を持っているのよ。だから、このエクササイズで、自分の〝ノー〟に声を与えてあげて」

「できません」とアレクサンドラは訴えます。私は彼女の後ろにピッタリと立って、自分の体で彼女の背中を支え、腕を体に回して、両手を腹にあてます。

「エクササイズを信頼して〝ノー〟を探して。それが出てくるのを許して」

すると、アレクサンドラに変容が起こります。数秒前には、礼儀正しく微笑んでいた大人の女性が、突然、私の腕の中で傷ついた少女になります。大きな呻《うめ》き声をあげながら、目の前のサカーマをまるで父親のように、あるいは彼女の絵を破いた母親のように見ています。その呻きは腹から突き上げる深いものだったので、サカーマの番が回ってくるまではアレクサンドラに付き添います。

このエクササイズはシンプルですが、強力です。役割を交代する前に、全員に沈黙を促し、誰かに向かって〝ノー〟という気持ちを表現するのがどんなものか、相手は、〝ノー〟を受け取るのがどんなものか、感じるようにと言います。なぜならこの気持ちとつながることがとても大切だからです。

「腹が立ったとき、普通は自分に対して気づくことなく反応してしまうでしょ？　何かが私たちの怒りの引き金を引くと、突然、私たちは感情によって我を忘れてしまうのです。そうなると相手もそれに反応を返すという、終わりのないゲームになってしまいます。でも、もし怒りを受け取って、耳を傾けたり、相手にスペースを作ることができれば、〝ノー〟を内側に入れ、それに浸ってみて。そうすれば、何か違ったことが起きる可能性があるのです。だから、反応しようとしないで。それによって怒っている相手は、自分の声が聞き届けられたと感じ、自分を見る余地ができるのです」

これは私自身の生活の中でも、とても役に立つエクササイズです。誰かとの関係で腹が立ったとき、あるいは相手が私に腹を立てたときに、これができれば、お互いの出会いの質が変容されます。

しかし、このエクササイズによる本当の驚きは、〝ノー〟を表現した後にあります。今度はそれを〝イエス〟に切り替えるようにみんなを誘います。

「次はこういう言い方をしましょう。『あなたが私の絵にやったこと、良かったです』って」

勘の良い人はすでに驚かれたかもしれません。このエクササイズを実践したほとんどの人が発見するよう、〝ノー〟と〝イエス〟のどちらも真実であり、同時にふたつが存在するのです。

ここではサンギータの例に耳を傾けてみましょう。彼女は以前に紹介した鯉のぼりの目を描いた日本人の女性です。彼女はクリスタルという二十歳になるアメリカ人女性と組んでいました。サンギータはエクササイズの〝ノー〟を表現するとき、日本の女性としてはかなり強烈な言葉を使っていました。彼女はクリスタルに、子供のとき以来、初めて本当に描きたいものを表現できて満足していたことを告げます。その絵は私の記憶だと、主にオレンジ色の点々がたくさんあり、深みのあるものでした。感情的に震える声で、サンギータはクリスタルに言います。

「私の美を尊重せずに、あなたは絵の具を私の絵の上にぶちまけたわ。あっちこっちに思いつきで。私、すごく傷ついている。あなたには私の絵に耳を傾けるだけの感受性がないわ。あなたがやったこと、大嫌いよ！　このエクササイズがあるって知っていたら、私は家に帰っていたわ」

最後の一言、これは強烈でした。後から知りましたが、サンギータは自分のクリエイティビティを取り戻そうと決心して参加していたので、何とか帰らずに思いとどまったようです。このエクササイズを放棄しないで相手に面と向かい、自分をさらけ出したのは、彼女にとって大きなステップでした。サンギータはもともと引っ込み思案で、大勢の人を避けて生きてきたのですから。

クリスタルも内気なタイプでした。サンギータが感情に任せているあいだ、彼女は体を震わせながらも、オープンに受け取ろうとしていました。次にクリスタルが〝ノー〟を言う番です。

「あなたは、私の絵のニュアンスをめちゃめちゃにしたのよ！　私は、この絵に喜びと愛情をいっぱい注ぎこんだのに、それを台無しにしたわ！」

この〝ノー〟はふたりにとって強烈な経験でした。しかし、感動的だったのは〝イエス〟のパートに入って、お互いのことを肯定し合ったときのこと。同じ現実が、奇跡的に変化します。

サンギータがクリスタルに、自分の絵の表面的な外観より、もっと大事なものを見つけたと説明します。「私の絵に筆を走らせているとき、その手はまるであなたのハートが伸びたように感じたわ。それを受け取ったとき、あなたの暖かさと喜びを感じたの。その質を私の絵に付け加えてくれて、嬉しいわ」

クリスタルは、自分の番で、サンギータが絵の端に撒き散らした色が、不思議にも絵をまとまったものにしたことを伝えました。「絵を交換したことで、あなたのことが分かってうれしいわ」と彼女は言い。その言葉には本当の暖かさがあります。「いつでもあなたが私の横にいるように感じるの」

このやり取りから、ふたりとも同じことを言っていることが分かります。彼女たちはエネルギーや温かさを感じ合い、今ここに存在のあり方を通して出会い、お互いに似た物同士であることに気づきます。内気さ、心遣い、それに出会いたいという切望です。ふたりにとって素晴らしいセッションとなりました。

このグループ・シェアリングの中で、同じ経験を指摘した人が数人いました。イエスやノーを言うことで絵は変わらないけれど、ゲシュタルト（形態）が変わるのです。それは、相手が自分の絵を破壊したと思えるし、貴重なものを付け加えたとも見られるのです。これによって、自分が避けていたある種の質や、否定していた部分が明るみに出てくることもあります。

「相手がやったことを、適当に笑いながらうわべだけを受け入れているのとは違います。この経験は画家としてのあなた方のビジョンを広げてくれるのです。自分が〝ノー〟を言って否定している質を見ることで、自分に欠けている質を見ることができるのです」

このエクササイズは、決まったスタイルに閉じ込められてしまった画家がその苦境を脱出するための方法です。こうすることで、予期できない影響に対して自分を開き続けていくことができます。私にとってのクリエイティブなプロセスとは、新しい見方や視野の発見に他《ほか》なりませんが、絵を交換するというのも、そのためのひとつの方法なのです。なぜなら画家が最も報われる経験とは、今まで誰も見たことのない質を発見し、それを表現することだからです。そして次に、他の人たちとそれを分かち合いたいと感じるのです。

違った角度から説明してみましょう。ギフトショップに行くと、美しい絵葉書が並んでいます。売り物の絵葉書の美しさにはある種の法則があります。三分の一が海と波で、それに空と雲か夕日、残りは美しい庭と可愛らしい動物、といった具合に。これは予見できる美しさで、誰でも知っているものです。

しかし、創作者としての私は、まだカットされていないダイアモンドのような、フレッシュな美的感覚を伝えたいのです。そして、誰もが潜在能力として、同じ可能性を持っています。一人ひとりが違っていて、クリエイティブな表現においても一人ひとりがユニークな存在だからです。あなたが発見できることは、他の誰にも発見できないものです。

だからこそ、私が行っているグループ・トレーニングは面白いのです。グループの中では、一人ひとりが自分のユニークな特質を見つける過程で、他の人たちの特質に刺激され、自分の中で新しいものを発見し、自分自身の理解を広げていくのですから。一見正反対のような、ひとつにまとまることと個人であることが、隠された調和と〝秘密のダンス〟を内包しています。それは、次章のテーマとして取り上げましょう。

第3章

対極のダンス

白と黒
光と闇
善と悪
美しさと醜さ

私たちは子供のころに、世界には正反対の力が働いていて、お互いが闘っていると教えられました。善人と悪人、警官と泥棒、聖人と罪人、善と悪などの力です。哲学はこのことを〝対立二元論〟という言葉で表しました。私にとってこの美しい世界に存在する闘いは、ただ、人間の頭の中だけで荒れ狂っているものに過ぎません。そして内側の葛藤が、外の世界、自然、自分の周りにあるすべてに投影されてしまうのです。自然は全体がひとつのものに調和していますが、私たち人間は引き裂かれ、分裂した存在と化しています。なぜなら人間は、「これは良い、これは悪い」と判断し、その上で良いものにしがみつき、悪いものを排斥しようとします（もともとこの世界に分裂などないのに……）。その結果、私たちはエネルギーを抑え、自身のバイタリティ、クリエイティビティを破壊してしまうのです。

このトレーニングでは初期段階で、私たちの〝クリエイティビティ〟に与えられてしまったダメージを回復しなければなりません。そのために幼少期からこびり付いた〝相反するもの同士の闘争〟という考えを解消するためのエクササイズを行います。トレーニングが始まって三日目に、参加者全員にクリシュナ・ハウスを覆う壁に、初日に行ったプライマル・ペインティングのなかから自分の絵を一枚かけるように促します。

この絵はエネルギーに任せて、自然発生的に創り出したものなので、土臭く、原始的な感覚があります。美しいと認識するのは難しいこれらの絵が、このエクササイズに必要なのです。

壁にかかった絵の多くが、茶色や黒の泥っぽい色で、意味も方向性もなく、冴えない感じでした。でも、ワイルドに自由に描くセッションを、皆が楽しみました。これらの絵が、まだ一般的な評価を与えたりすることができない段階であることが重要なのです。

「自分の絵の前に立ち、絵がひとりの人だと思って話しかけてください。ここれはジベリッシュ（意味のない言葉を話す）瞑想で話しましょう。できるだけナンセンスな言葉を使います。手には握りこぶしを作って、『駄目だ。汚くて無意味だし、こんな絵は誰でも描ける』と言ったネガティブな価値観や意見をすべて注ぎ込んでみます」

握りこぶしを要求したのは、こぶしを作ると内側を閉じてしまい、ネガティブな判断にしかつながれなくなるからです。ぜひ一度、ご自分でも試してみてください。

すると、部屋は騒音でいっぱいになります。このエクササイズには誰も苦労していないようですね。数分経ったところでこう言います。

「あなたの絵で一番嫌いなところを見つけてください。自分が嫌だと思う部分を見て、触れて、場所を決めてください。そうしたら三歩下がって、役割を入れ替えます。嫌いな部分があなたを見るようにしてください。あなたが絵を見るのではなく、絵があなたを見ています。柔軟な気持ちになって、その醜い場所からやってくるものを受け取りましょう」

これは、古来の瞑想法のひとつである〝ジベリッシュ瞑想〟の私なりのバリエーションです。見る立場から、見られる立場へシフトすることが重要です。日常生活において、自分が見る立場にあるときは、自分のマインドや意見、批判的な目と強くつながっています。例えば道を歩いていると、目に入る人々について、マインドは休むことなく、次から次へと意見を繰り出します。この人は可愛い、あの人は悲しそうだ……このように、マインドを通して意識は対象物へ向かいますが、見ることから見られることへとシフトすると、世界がまるで違ったものに見えてくるのです。

「目を開けたまま焦点を合わせず、ソフトに見てください。あなたの絵からやってくる気持ちを、どんなものでもいいから吸収して。そして目を閉じ、頭で考えずに身体で経験してみましょう。あなたの内側の何処《どこ》に、この醜さが映し出されているか分かりますか？　次にそれを許してみて。そうするとどんな動きが起こり、それがどんな姿になるか探求して。そして自分が彫像のようになって、気持ちを表現できる姿勢を取ってみます」

参加者たちは身体をゆっくりと歪めながら、各々が感じるものを表現しています。部屋の中に生まれた彫像たちは多くの場合、少しグロテスクで、腕や脚がねじれたように内側に巻き込まれています。その中には、どこかを目指して腕を差し出す人もいれば、閉じこもるような姿勢の人もいます。私は「その姿勢のまま動かないで」と言います。すると、頭だけでなく身体の細胞の中で起こる深い理解が得られます。今回のエクササイズは、これで完成です。彼らには蘇ってもらい、腕や足や頭を動かして、自分が捕らえたエネルギーのムードを打ち破るように促します。

「もう一度自分の絵の前に立ちましょう。今度は絵のもっとも美しい部分を探してください。それがほんの小さな部分でもかまいません。それを見つけて、その部分に触れてください」

同じように、エクササイズを繰り返します。今度は美しい部分から描いた本人を見つめ返し、その気持ちを受け取ります。続いて身体とその動きで美しい部分が持つ感覚を表現します。このシチュエーションには、できるだけ多くの時間を割き、その感覚を十分に楽しんでもらいます。また、身体のどこにその美が存在するのか、そして身体が彫像となり、これをどう表現するのか、探求する後押しをします。

「身体を使って美を表現したら、目を開けて、あなたの絵で美しいと思うところを見て。今度はその部分が彫像を見ていると感じましょう。

身体は自然と美に対する感覚を思い出します。いえ、身体はあなたが生まれながらにこの感覚を持っていたと言ったほうが正しいかもしれません。いつのまにか、それを忘れてしまっただけなのです。しかし、この感覚は誰の中にも必ず存在します。必要なのは、それを覆い隠しているカバーを取り除くことなのです。これこそ最初にしなければならないことで、絵を描く技術はその後でかまいません。それに、この段階で技術を押し付けると、それがどんなものであれ、その人の表現のユニークさを乱してしまいます。それより、各自が持っているダイヤの原石を表に出すことのほうが大切なのです。

エクササイズの次の段階に突入します。次は自分の絵ではなく、グループ全員の絵を使って、同じことを行います。私はみんなにこう語りかけます。

「部屋の中を素早く動きまわって、一番醜い絵を見つけ、その前に立ちます。自分の絵以外のだったら、どれを選んでもいいです」

出来るだけスピーディーに行うことでマインドが介入する余地を防ぎます。ほんのわずかのあいだに、おのおの全員が醜いと思う絵を見つけます。ひとりで絵の前に立っている人も数人いますが、大部分は二、三枚の絵の前に群がっています。どうやら醜さについてある種の同意が存在するようです。そうしたらこう言います

「絵に向かって『あなたはなんて醜いのだろう！』と、言ってください」

私の経験上、醜さについてそれを無意識に隠してしまい、認めたり、表現していないと、その人のバイタリティを損なってしまいます。ですから、意識的に醜さをトータルに表現すると、奇跡が起こるのです。その感情は溶け去り、変容します。これは、閉じ込められていたエネルギーが開放されることで癒され、浄化される必要があったのです。絵画に関する限り、自分が醜いと判断したものも、自分の絵に足りていない、貴重な質へと変わる可能性があります。それをリラックスして受け入れることで、視野が広がります。醜さが突然、深みとなり、隠されていた潜在能力とその可能性が明かされるのです。このエクササイズの主な目的は、この真実を体験から掴んでもらうことにあります。

数分後、ジベリッシュ瞑想を終えて、一同が沈黙し、絵からやってくるメッセージを受け取ります。そして、同じステップを繰り返します。

「次に飾られた絵の中から、一番美しい絵を見つけましょう」

しかし今度は、絵を選んだ後で、考え直す機会を与えます。なぜなら美しさをテーマにすると、第一印象で選ぶだけでは、十分ではない可能性があるからです。彼らを見ていると、美については、どうもグループではっきりした共通の認識はないようです。みんなはあちらに立ち、こちらに立ちという具合に、部屋中に散らばっています。絵を選びきれない人も数人います。それでも全員が選んだ段階で、同じステップを繰り返し、美の感覚を受け取ります。それから各々が自分の絵の前に戻ります。

「改めて自分の絵を見たときに、その見方は変わったでしょうか？　それとも少しも変化がないか……よく感じてください」と、参加者をリードします。そして数分後に、部屋の真ん中に全員を集めます。輪になって座り、みんなの経験を話してもらいます。

一番多くの人が醜いと判断した絵は、シバンのものでした。二十代半ばの生き生きとしたイスラエル人女性です。シバンは笑いながら、恥ずかしさと、醜いから何なのよという開き直りの気持ちを滲ませながら、「みんなが私の絵を醜いっていうのは分かっていたわ」と、声をあげます。

最初のシェアリングで、シバンは子供のときに自分が一番になれることだけを注意深く選んで行ったこと、そしていつでも自分は絵が下手だと思っていたので、絵を描かないようにしてきたことをシェアしていました。シバンはそんな習慣を打破すべく、このトレーニングを申し込んだのです。彼女の絵は、才能や能力を検証する題材としては最適でした。なぜなら、絵は一面が黒で覆われていたのです。彼女は私に言います。

「このあいだ、ずいぶん長く絵を描きました。私の絵には描く隙間がなくなっていました。そのときあなたは、『あと数秒残っているわ。今どう感じているか、自分を表現してみて』と言いました。それで私はいちから始めたいと感じて、絵を真っ黒に塗りました。だから、今日ここにやって来て、みんなの絵が壁にかかっていたのを見て『終わりだわ！』って思ったけど、実際にそれは序の口だった。加えて、あなたがみんなに一番醜い絵を選んでと言ったときから、私の絵が選ばれるのは分かっていたし、それが可笑しくて笑ってしまったわ。私はすべきことをしたのだから、他人がどう思うかなんて気にせず、自分の気持ちを表現したの。だから、この黒を感じて、受け取るのが難しいのなら、それはその人の問題で、私の問題ではないのだってね」

彼女の言葉には一理あります。黒はひとつの色にすぎませんし、ニュートラルで、美しくもなければ、醜くもありません。黒色をネガティブと捉える人が多いのは、私たちの育ち方によるものです。シェアリングは続きます。ここでは自分の絵に対する見方が変わったと言う人もたくさんいました。四十代のイタリア人女性のアムリータは、エクササイズで自分の絵の醜い部分を探したときに変貌を経験したと言います。

「私が絵の醜さに受容的になったとき、突然、その部分から愛と慈悲がやってくるのを感じました。その大きなパワーにショックを受けました。いろんな人の絵を見回ってから、自分の絵に戻ってきたとき、今度は醜いと思っていた部分から美しさが目に入ってきました。それよりも以前は、暗くて気が滅入る感じがしたのに、そのときは神秘と深みがあったのです」

これら参加者の意見から、このエクササイズが上手くいったことが分かります。こういった視覚的な新たな発見を体験することができることは、素晴らしいことなのです。


昼食の時間になったので、参加者にちょっとした課題を与えます。自分の絵をグループ以外の十人以上の人に見せてくるように言います。

「人を見つけたら『私の絵です。見てください！』って言いましょう。相手から反応があったら、『ありがとう』とだけ言って、次の人を見つけてね。こうして自分をさらけ出していくのよ。ありのままの自分の姿を宣言するの。次の段階では人からの意見を受け取り、自分がどう影響を受けるか……よく観察してみてください」

みんなが部屋を出ていきはじめると、若いイスラエル人のサントッシュがまっすぐ私に向かって歩いてきて、自分の絵を掲げました。

「ミラ、これが僕の絵です。見てください！」

このエクササイズについてみんなの理解を深めるためにとてもよい機会だと思ったので、私はわざと絵を批判してみました。

「ここは黄色が強すぎて……そう、ごちゃごちゃしすぎているわ」

でも、彼はまっすぐこちらに目を向け、私のフィードバックをただ受け取っています。私は困惑したふりをして頭をかきながら、ついにこう尋ねます。

「まったく分からないわ。これ、どういうつもりの絵なの?」

「……これは、私です」

私はサントッシュの答えに深く感動します。ここで役割を切り替えて、絵のことを褒めます。その人にとって受け入れがたいのは、批判とはかぎりません。例えば、今朝、多くの人に一番美しい絵に選ばれたのは、小柄な台湾人女性のインドゥーでしたが、彼女は賞賛を受けて、ショックを受けてしまいました。

「そんなはずはないわ!」と、彼女は言い続けました。

このシェアリングにおいて、こういった反応は典型的なパターンと言えます。得てして賞賛を受け入れるより、批判を受け入れるほうが楽なのです。思い出してみてください。子供のころ、親から怒られることに慣れっこではなかったですか? これはとても本質的なポイントです。私たちにとって、批判と賞賛は正反対のもので、それを受けたときの感情も違います。人は常に賞賛を求め、批判を避けて生きています。しかし、本質的にこれらは基本的に同じ働きをするのです。どちらも成長の過程で、私たちの性格を形成します。自分とは何者かという感覚が、人から与えられた意見に対する反応として作られていきます。ですから、これまで培ってきた意見をすべて取り去ってみましょう。後に何が残りますか? そのときあなたは何者でしょう? これこそ、本当のアイデンティティを求める、根幹にあるものなのです。

さて、〝美〟というテーマに戻りましょう。美に対する考えが多くの人によって作られると、やがて集合意識となり、特定の文化が形成されます。私が生まれ育った日本文化の中でも同じようなものがあり、私はそれにあまり価値をおきませんでした……少しトレーニングの話題を離れて、ここでは私の成長物語をお話ししたいと思います。

私の祖父母の家は、能登の庄屋でした。能登村は裕福な漁村で、日本海から北海道、ロシアにまで出かける遠洋漁業の主要基地でした。家には蔵があり、先祖代々の骨董品を納めた部屋がありました。そのなかには甲冑や兜、刀に混ざって、たくさんの絵もありました。その大部分が第二次世界大戦で戦死した叔父が描いたもので、彼は油絵画家でした。当時、油絵は日本美術の中ではまだ新しい分野でした。叔父は、海や山の風景やポートレートを描いていました。

幼い私と妹は純粋無垢な目で、これらの絵に見入りました。もちろん当時は、絵を学ぶことになることはもちろん、日本文化が持つ美の伝統に背を向けることになることなど、知る由《よし》もありませんでした。のちに私は、装飾的な日本の美よりも、西洋の現代絵画に表現される苦悶や強烈さに惹かれていったのです。

画家としての私の物語について、ここで語る意味があります。なぜならこの章のテーマ〝対極のダンス〟……つまり、まったく異なる価値観を持つ文化を包含するからです。しばらくのあいだ、お付合いください。

私の父は石油タンカーの乗船員で、家に帰ってくるたびに、海を隔てた遠い国からの話や、お土産、音楽、ファッションなど、西洋の文化を持ち帰ってきました。私が西洋の美術品に興味を持ったのは、バレリーナを模《もじ》ったフランス人形がきっかけでした。私はその人形を学校の授業で絵として描き、それは学校の廊下に貼り出されました。

少女の私は自分の作品を見て、何てパワフルな絵なのだろうと、感動したことを今でも覚えています。ちょうど自分が自分の絵を見ている姿を俯瞰《ふかん》しているような感覚でした。それと同じ時期にこんなこともありました。家の襖がある部屋に書道の道具が置かれていて、私はふと、そこにあった大きな筆に墨を付けて襖に絵を描き始めました。まっさらの白いふすまの上で、筆はのびやかに踊り、純粋な喜びを持って描いたのでした。今なら、その絵を〝エナジー・エクスタシー・ペインティング〟と呼んだことでしょう。もちろん、祖母にとがめられ、私は部屋の隅に立たされました。でも、私の内側は満足していて、少しも悪いと思っていませんでした。

当時を振り返ると、この出来事が私のクリエイティビティに関係していたことが分かります。内側から〝自分自身〟としか言いようがないものを表現できたという、強さと誇らかな気持ちです。これは今、私がペインティングのグループ・トレーニングで教えているのと同じ、エネルギーの自然な発露《はつろ》です。

十代のころ、学校での絵の成績も良く、一等賞を取ることも多かった私は、自分が得意なのは線描だと考え、画家の先生のところで木炭画を習うことになりました。もうひとつ絵を習った理由は、木炭画を描けないと美術大学に受からなかったからでした。そのころの私は色彩に少しも興味が無かったのですが、学校の美術の先生から、君は色の組み合わせの美的な才能がある、と言って褒められたのです。この方、芸者遊びが好きで、学校の授業以外は昼夜逆転の生活を営むという風変わりな人物でした。最初は先生にからかわれていると思っていましたが、次第に先生の言うことが正しいことが分かりました。このように私の幼少期には、変わり者の先生がたくさんいて、こういった人を知れたのは貴重なことです。彼らは社会的には不適合かもしれませんが、〝普通の生活〟を越えた視野を私に与えてくれました。

高校を卒業した私は、武蔵野美術大学で油彩画を学びました。西洋絵画を中心に多くのことを、ふたりの教授から学びました。そのひとりは村井教授という現代美術家で、形やテクニックよりも、内側のクリエイティブなエネルギーに触れて、それを表現し尽くすことが大切だと教えてくれました。もうひとりである藤井教授は、人が座っていない椅子のみ描いていました。先生にとっての椅子は、目に見えないものを伝えるためのチャレンジだったのです。繊細な感受性と注意深さがあれば、彼の作品からはそこに座っていた人を感じることができたのです。また、藤井教授は、私に自由な精神を持つことを教えてくれました。とくにお金については自由闊達《かったつ》な方で、私たち学生を連れて飲みに出かけてくれたものです。彼は映画の中のハンフリー・ボガードのようでした。

一九六九年、大学の卒業を機に、名画を見るべく、ヨーロッパを旅行しました。その前にエルミタージュ美術館で、ピカソの青の時代の作品を見たかったのと、ドストエフスキーなどの大作家たちに憧れていたので、ロシアを経由して、ノルウェーのオスロへ向かい、エドヴァルド・ムンクの「叫び」などの絵を見ました。

ここまでの話で、私が向かってきた方向がお分かりだと思います。私は苦しみに恋をしていました。美術は深い痛みや狂気といった、普通には表現できない人間の感情を映し出すべきだと思っていたのです。オスロの後、私はコペンハーゲン、ハンブルグ、ミュンヘン、パリ、ロンドンとヨーロッパ全土の美術館や画廊を巡りました。その後、フィレンツェに滞在し、絵を描くことを考えましたが、その前にゴヤとエル・グレコの絵を見るために、スペインに行こうと思い立ちました。列車でトレドの駅に着いたとき、不思議なことが起こりました。体中に鳥肌が立ったのです。私は震え始め、突然、そこが自分のいるべき場所であると直感したのです。

私はその感覚に従うことにして、計画をすべて放棄して、トレドに住み始めました。もちろんスペイン語はまったく話せず、まったくのよそ者でしたが、それはたいして気になりませんでした。

ある日、私は中央広場で、周りに見える家々の絵を描いていました。そのとき、後ろで誰かが大声で笑ったので、私はびっくりして飛び上がりました。すると、黒いマントをまとった大柄な男が立っていました。青い目も鼻も何もかもが大きい男が、こちらを見て笑っていて、私は無性に腹が立ち、「あなた誰?」と迫りました。彼は「画家だ」と答えるので、聞き返しました。「では、なぜ笑っているの?」

彼は私のノートを指してこう言いました。

「あんたは飛行機の上から描いているのか? 遠近法が根本的に違うじゃないか」

それで、私は「まず、あなたの絵を見せて欲しい」と言うと、彼は私を家に連れて行き、自分の鉛筆画を見せました。その瞬間、私の芸術家としてのエゴが砕け散りました。それは素晴らしい絵だったのです! 本物のアートの味わいがありました。私は彼から学びたいと思い、そしてさらに恋に落ちました。

彼の名はアロルドと言い、スイスの芸術一家に生まれています。後に彼は美術界で有名になりますが、その後は創作の力を絵画から都市建築デザインへと移します。彼はいつでも自分を新しく生み出し、芸術の新しい表現形態を探求する人物でした。彼と私は長いあいだ、恋愛関係にありました。彼は画家としての私の潜在能力を見抜き、特に線描の方法について、自分が知ることを喜んで教えてくれました。同時に、私は彼の絵のモデルにもなりました。

私はトレドに三年間暮らし、アロルドは私の線描に新しい質を付け加えてくれました。彼のアプローチは、形而上学的で、その方法は複写でも、抽象的に単純化するためでもなく、もっと神秘的でした。彼の手法を用いることで、対象の本質的な〝存在感〟が伝わってくるのです。また、彼からは灰色を中心に使った美しさを学びました。これは私のトレーニングの自画像のセクションで非常に役立つことになります。

さらにアロルドは、トレドで開いた私の最初の展覧会を援助してくれたほか、トルモというグループを形成している画家たちに私を紹介してくれました。私たちはトレドにギャラリーを持ち、スペインのほか、ポルトガルとスイスでも展覧会を行いました。当時のスペインはまだフランコ政権下でしたから、私たちが行ったように、政権を恐れずに新しい発想を公然と口に出すのは、先鋭的なことでした。

トルモの中で女性アーティストは私だけで、残りは男性でした。これは私の人生で典型的な事柄で、いつも男性と競争しながら学ぶしかないと感じていました。それに私は、芸術に対する新しいビジョンを求めていたので、彼らが持つイデオロギーをも吸収していきました。彼らは「写真のような絵は真の芸術的アプローチではない！」と、勢い込んで私に語ったものでした。

芸術について延々と議論するこの世界に、私は溺れ込みます。議論が絶えないのは、一人ひとりが独自のスタイルを持ち、それぞれの意見が違っていたからです。本物の芸術家は、独自のスタイルを確立しなければなりません。そんな日々を送るうちに自然と、「自分のスタイルとは何だろう？」

と自身の絵について見つめ直すようになりました。当時、私はポール・セザンヌのスタイルに興味を抱いていました。セザンヌの絵は、印象派の運動から生まれますが、彼はそれをはるかに超えていました。彼の関心は、絵の統合性であり、そのために主要な形態や構造を強調し、分析しました。私はこれを、トレドの素晴らしい建築を描くときに、自分なりに取り入れました。

当時の私たちは貧しく、助け合って生きていました。芸術の考えを交換するだけでなく、食べ物も与え合いました。また、近所に住む人たちが私たちの絵を買い、援助してくれました。スペインでは伝統的に、普通の人々も家に飾るために原画を買う習慣があります。ある日、トルモのメンバーであるパブロが会いに来ました。私は家の中で絵を描いていると、彼はこう言います。「昼ご飯の時間だよ。なぜ食べないの？」少し困惑し、私は言いました。「お金がないのよ」

パブロは言います。「大変なときなのに僕に言わないなんて。友達じゃないか！」

翌日、彼はたくさんの友達を連れてやってきて、そしてその全員が私の絵を買ってくれたのです。このように、友人同士を大切にすることの大切さを、スペイン人の態度から学びました。

トレドでは、貧乏生活を送りましたが、芸術について多くを学べていたので、私の内側は豊かでした。それにこの街の建物はとても個性的で、キリスト教やユダヤ教の建物だけでなく、イスラム教の建築物もあります。ですから、線描にしても油絵を描くにしても、とても豊かな対象物に囲まれていたのでした。

私は大聖堂の横にある建物の五階に住んでいました。窓を開けると素晴らしい建築物が一望でき、特に夕暮れ時は、黄金に輝くワンダーランドのようでした。

さて、そろそろトレーニング・ルームに戻らなければなりません。先ほど光と影のコントラストについて話していたので、ここのあたりで私の物語は一度止めておくと良い感じがします。

人は光を選び、影を避けます。しかし、闇のない場所に光が存在できるでしょうか？　実際にこれらの二つは、一つの現象が持つ二つの側面であり、お互いに切り離すことはできないのです。しかし、それと同時に、暗闇は人間にとって、太古より恐怖や危険を連想させるものでした。はるか昔、人間が今よりももっと無力な時代は、夜になると野獣たちが人間を付け回しました。犯罪者たちは自分の罪を隠すために闇を使います。宗教は光を善、暗闇を悪と見なしました。

たいていの人にとって、暗闇を受け入れるのは難しいことです。なぜなら闇を通して、人は古来の恐怖、痛み、無力感と再び結び付きます。トレーニングでも同じように、これは絵に対する態度に表れて、黒をネガティブな色と見なし、暗いトーンの色を避ける傾向があります。色は鏡の働きをしますから、人が本当に避けているのは、自分自身の深みなのです。

ランチの後で、参加者たちをクリシュナ・ハウスの地下にあるグループ・チェンバーと呼ばれる部屋に連れて行きます。ここは窓がない暗室で、床には紙や絵の具、キャンドルが用意されています。みんなには、壁に手を当て、身体を支えるようにしてもらいます。準備ができたら「本気で壁を押して」とみんなに言い、電気を消して、部屋を真っ暗にします。

「壁を押しながら、これまでにどうしようもないと感じた瞬間を思い出し、孤独感とつながってください。子供のころ、置き去りにされたことがあったかもしれないし、あるいは大人になってから、相手に圧倒されたり、絶望的な状況に陥ったりしたときを思い出して……」

このジェスチャーは、暗闇を押しのけようとしますが、できずにいることを象徴します。当然、フラストレーションが溜まって叫びはじめたり、パッドの入った壁を握りこぶしで叩く人もいます。これはセラピー・ルームで感情の解放を行う光景に似ています。しかし、この文脈では、感情表現も別の逃避となるので、ここではみんなに圧倒され絶望する、その感情に溺れてほしいのです。数分後、私はみんなに感情を表現しないで、ただ感情とつながり続けるように励まします。

「壁を押し続け、ただ感じてみて。感情的になったときと、そうでないときの違いを感じ、自分に起こっていることを見てみましょう。どう？　今度は、自分にとって嫌な記憶とつながることができますか？」

このエクササイズでは、ここからが肝心です。

「そうしたら、ゆっくりと向きを変えて、背中全体を壁につけて、暗闇に支えられていると感じてみましょう。この暗闇はあなたの敵ではなく、あなたをサポートすることもできるのです。暗闇のなかでくつろいで、闇を受け入れることができますか？　闇こそ永遠に存在する特質で、ネガティブでもポジティブでもなく、いつでもそこに存在します。私たちも暗闇から生まれたのです。そして暗闇へと私たちは帰っていきます」

この状態で十五分間くらい待ち、ゆっくりと部屋の照明を上げます。私は紙の前に座って、みんなに集まるように言います。

「これから書道の見本をお見せしますが、これは次のエクササイズの準備です。書道では筆をどう持って、どう動かすかに本質的な要素がすべて入っています。例えば自分の瞑想の質やセンタリングしている能力など……見ていてくださいね」

私は親指と人差し指、中指で、筆を取り、腕を伸ばします。身体が前のめりにならないように、バランスを取った姿勢で、筆に墨を付けます。筆を紙の上に掲げたら身を整え、深呼吸をして、白い紙の上に黒々とした線を引きます。

「手に意識を向けて。いつ腕が動こうとし、動きを止めて元の位置に戻るのかを感じ取って。気付きがないと良いものは出来ません。急いだり、腕が強ばったりすると、心も緊張します。でも、くつろいで、気付きがあると、一筆ごとが瞑想の経験になります。〝今、ここ〟にいるために役立つのです。この瞬間にね」

私が書道を好むのは、このように気づきを教えてくれるからです。そして、もうひとつ理由があります。これは今日のエクササイズにも関係しますが、書道は暗闇に親しむ手助けをしてくれます。

これには墨を使うということが役立っているのでしょう。

参加者には各々の場所に戻り、私が見せたようなやり方で、筆と墨をやってみるように促します。しばらくして、みんなが書道に馴染んできたら、こう言います。

「暗闇のエクササイズで経験したことを、墨を使って表現しましょう。墨を使うことで、もっと深く暗闇に入っていくのです。井戸の内側をめぐる階段を降りていくように。綺麗に描かなくていいし、シンボルにもしばられないように。あなたが経験した暗闇を表現しようとしてみてください。気づきを手に向けて意識して、私が見せたように筆を使ってみましょう」

全員が作業に没頭し始めたところで、私は照明を消します。

「真っ暗になっても、目を開けたまま描き続けてください。表現に深く入り込んで、筆を持つ手が、紙の上を動くときの気持ちよさに身を任せて」

これを暗闇のなかで行うと、視覚が除かれたことにより、子供のように〝触れる〟質を思い出す可能性が高まります。目で見ることができないと、マインドは自分が行っていることを判断できません。でも、身体は思い出すことができます。これは触れるという、もっとも原初的でシンプルな感覚なのです。

誰でも内側に、美しさと子供のような質、クリエイティブな衝動を持っているのです。こういった質は、すべて触れることを通じて楽に思い出すことができます。でも、頭を使ってしまうと、これは決して思い出せません。

エクササイズは次の段階に入ります。今度は目を開けながら描くのと、目を閉じて描くことの両方を、暗闇の中で行ってもらいます。

「暗闇の中で描いている絵を見ましょう。もちろん何も見えませんね。次に目を閉じて、絵を描き続けます。何か違いを感じますか？」

目を開けて暗闇を見るときと、目を閉じてまぶたの後ろに存在する暗闇では、ある種の違いがあります。こちらもぜひ読者のみなさんに試していただきたいです。瞑想リゾートでは、独特の暗闇のなかでの瞑想が行われます。この瞑想を行うことで、同じ経験をもっと長く、深く経験できます。この瞑想では目を開けた状態で暗闇のエネルギーを受け取れるようになります。しかし、今のところは参加者に、違いに気付くようにとだけ、促します。

「目を閉じたままでいてください。光を持ち込んでみましょう。目は閉じたままで、ほんの少しの光でも暗闇を全部消し去るように感じましょう」

こう言いながら、私はＯＳＨＯの「暗闇はそれ自身では存在しておらず、光の不在にすぎない」という言葉を思い出していました。だからこそ、暗闇には直接に何かをすることはできないのです。部屋から暗闇を取り除こうとしても、暗闇を投げ捨てることはできません。そうではなく、光を持ち込まなければならないのです。

何をするにしても、光が必要です。光には〝実質〟があり、暗闇には〝実質〟がありません。存在していないものには何のしようもない、というわけです。

OSHOは霊的探求のメタファー（隠喩《いんゆ》）として、何度もこの話をしています。例えば、エゴに何もできないのは、それが自分を知ることを妨げている偽の人格だからです。しかし内側から〝気づきの炎〟を灯すことはできます。そして、意識の光が、エゴという暗闇を追い払ってくれるでしょう。私はみんなに目を開けて、やんわりとキャンドルの光を見るように誘います。それから周りのキャンドルを点けていきます。部屋にはマジカルな雰囲気が生まれます。

「さぁ、新しい筆に白い絵の具をつけて紙の上に持っていきます。白色に身を任せて絵の上にたらしてみましょう。きっと驚くでしょう。何をしようとすることなく、暗い絵に光が入ってきます」

それから三十分間、みんなが光と暗闇、白と黒を使って楽しめることに気付くように手助けをします。一人ひとりが、それぞれの好き嫌いに応じ、楽しみを発見していきます。こうすることで、自分なりのやり方で、あれこれ考えることなく、白い絵の具が暗闇に光を持ち込む象徴であることを経験します。より深い意味合いで、このエクササイズは何事も完全には終わらないという信頼を強めます。まったくの暗闇があったとしても、光を持ち込むことが出来るし、明るすぎるところに、暗闇をもちこむこともできるのですから。エクササイズが終わったら、みんなに輪になって座り、経験を話し合う《シェアリング》ように誘います。

「シェアリングでは、なにもすごいことを言う必要はありません。だから、言葉でうまく表現できないからといって、話すことをためらわないで。もっと、身体やフィーリングを通してつながるようにしてみましょう。言葉でどう表現していいか分からなくても、このスペースからシェアをはじめましょう。その方がリアリティのあるものになります。なぜなら、それはあなた自身から直接にやってくるものだから……」

第4章

水彩の中に溶け去り、ひとつになること

身体はシンプルで素直なので、自然な自分に戻るための入り口として使うには最適です。ですから、セッションを始めるのに、身体から入るのは良いものです。グループ・トレーニングの一日も身体を感じることから始めると、みんなが〝今、この瞬間〟にやってくることが出来るだけでなく、身体も目を覚まし、自然と活力が湧いてきます。心は旅人のように、過去から未来へ、別の場所へと動き続けます。ですから、心を捕らえて、今この場所へと引っ張ってくるために、身体を使うのが一番です。この章のテーマは水彩で自然を描くことですが、その準備運動として次に紹介するダンスのトレーニングは最適と言えます。

今朝も参加者が全員、ナロパ・ピラミッドに集まったら、目を閉じて、内側で身体の感覚をチェックするように言います。そのなかで一番活力を感じるところを見つけてもらいます。

「身体のなかの生き生きとした部分とつながり、〝スペース〟を与えて下さい」と誘うと、自然とダンスがはじまります。みんなは身体のとある場所からわき上がる動きを探求し、私はその動きを持続させるために音楽をかけます。

「身体のほかの部分も、今起こっている動きに従います。ゆっくりと、身体全体がその動きに加わっていくように」

目を閉じたまま、みんなが踊り始めます。これはディスコで人々が踊るような身体の動かし方とは違ったものです。ディスコのダンスはみんなが立ち上がって腕をあげ、決まった感じに身体を揺らす……ある意味、機械的で制限だらけなので、身体の細胞の中に存在する有機的な動きを忘れてしまっています。誰でも内側に素晴らしいダンスを持っていますが、今までそんな経験をしたこともないし、その状況に導いてくれる人もいなかったのでしょう。でも、内側からわき上がるダンスを知ってしまうと、もう以前の制限付きのダンスには戻れません。ここでは誰もが気持ち良くソロ・ダンサーになっていますが、今日のトレーニングは自由に踊ることが趣旨ではありません。私は「パートナーを選び、背中をくっつけて踊りましょう」と声をかけます。

背中に意識を向けると、予期していなかったことが唐突に起こります。普段はあまり気に留めない背中は、マインドが簡単に入って来られない場所なのです。ですから背中を意識すると、自然とハートが動き出すことになります。

「パートナーの背中が触れたとき、あなたは緊張したりはしないでしょう。なぜなら背中は居心地が良く、自分らしくいられる場所だからです。ですから特に自己紹介する必要もありません。背中にはあらゆる種類のフィーリングが隠されています。日本の能の世界では、背中を意識できなければ舞は起きない、と言います。背中とつながったとき、ふだんの自分がしないような動きが引き出されるのです」

みんなは一緒に動き始めます。お互いの背中をいろんなやり方で擦り付け合い、暖かさが増してくるのを感じています。今朝、この場所は少しひんやりしていたので、背中を擦り合わせるのは、エネルギーを呼び覚ますのに適切でした。

それから、こう言います。「それでは向きを変えて、少しのあいだ、パートナーを見ましょう。それから、マットを見つけて座り、背中と背中のダンスを続けます」

マットがふたりにひとつずつセットされています。みんなは座って、また背中同士でダンスを始めます。私はみんなに踊りながら探求するように励まし続けます。みんな熱心に取り組んでいますが、数組が仏像のように足を組み、背中の上部だけを触れ合わせている人たちがいたので、さらに深く探求してもらうために、気持ちを盛り立てるような言葉をかけます。

「もしこのスペースからダンスの質を広げていくと、何が起こりますか？　身体のほかの部分も使っていいということよ。足も腕も手も……」

すると、ワイルドなことが起こり始めます。転げまわったり、空中で足の裏をくっつけ合ったり、ふざけてお互いの上に乗っかり合ったり……。これはダンスとは呼べないかもしれませんが、この身体の動きには、自然で有機的な質があり、ある意味でコンタクト・ダンスに似た部分もあります。そしてこの段階で、パートナーに感銘を与えたいと思っている人が見て取れます。この動きは次のステップにつながってきます。

「ひとりが目を閉じてマットの上で踊り、もうひとりはマットの外で、相手の踊りを見ます。踊る人にとってここはあなたの島だと思って、好きなことをしていいわ。誰かがあなたを見て、その存在があなたをサポートしてくれる。暖かさと愛をあなたに差し出してくれている。だからマットの上で身体の動きを自由に探求していいのよ」

このテクニックは、精神分析家であるウィルヘルム・ライヒ一派のエネルギー・リリース法に基づいています。官能性を帯びた肉体感覚に身を任せられると、基本的に海の波と同じ身体の動きを経験することができます。これによって社会的秩序に制限されていたオーガズム的な瞬間を身体が思い出すのです。このような動きはセックスと結び付けられやすいため、身を任せることが危険だと見なされます。しかし、このエネルギーに何のレッテルも貼らないでおけば、これは本質的な生命力の表れにすぎないことがわかります。

トレーニングの中で、絵を描くために身体を使う大切さを見てきました。有機的な形で自分自身のエネルギーとつながり、筆の動きにこの質を表現するのです。自然発生的なフィーリングにつながるために、ダンスはとても良い方法です。自分の身体から目に見えない根が生え、自分を超えたエネルギーの源泉につながっているという感覚です。そしてこれは、自然を描くためには、とくに大切な気づきです。自然もまた、目に見えない源泉とのつながりをもっています。画家が自分自身の根と自然の中にある根の、そのどちらも理解したとき、とても深く、神秘的なものを伝えることができるようになります。

さて、ダンスのトレーニングに話を戻します。お互いにパートナーに見られながら踊る経験ができたら、こう続けます。

「今度は島をふたつなげてみましょう。目を閉じて四人の人が背中を合わせて座ってみます」これも他の人たちとどう関係し、どのように動きが変化し、どのようにエネルギーが広がるか、すべて新しい状況を体験するためのワークです。さらに八人のグループを作り、最終的にナロパ・ピラミッドの部屋の中には、二つの大きな島ができあがります。

このとき、ひとりの女性が少し怖がっていました。多くの人との身体の接触は、乱交パーティーを連想する可能性もあるのです。みんな服を着ていたにも関わらず、この考えが浮かんだ瞬間、彼女は凍り付いてしまい、ふたりの男性の間にぎこちなく座っていました。ですから、やさしく彼女をその場から連れ出して、グループの別の個所に連れて行きました。ふたりの女性のあいだに座る余地があったので、すぐに彼女はリラックスして、グループのエネルギーと同調していきました。

ダンスをすることと、このようにつながることで、人間の個人としての境界が溶けるのを助け、互いに溶け合い、混ざり合う経験ができます。これは周りの誰からも安全な距離を確保するための社会的な振る舞いを忘れたときに、はじめて起こる可能性があります。この境界が溶け去る感覚は、自然を描く鍵となるもうひとつの要素です。自然に混ざり合い、溶け合い、消え去っていく質を持つ水彩画には、この感覚が特に大切なのです。


さて、ダンスのトレーニングが終わったところで、参加者に水彩画の基本技法を紹介します。まず最初に、描く対象の配置を明らかにします。例えば風景画ならどこに山があり、そして家が来るのかを決めます。次に鉛筆を使って、風景の輪郭を描きます。こうすれば、失敗することはありません。下書きがあれば、どの場所に何の色を塗ればよいのかも分かります。続いて〝ウォッシュ〟と呼ばれている作業をします。紙の表面を水で洗うことで、絵の具が素敵に広がり、色のグラデーション効果が得られます。それから細かく色を塗っていきます。これが水彩画の基本手順です。

そのようなわけで、これがどのような水彩画でも行われている基本的な手順です。そうすれば何をするにしても、いつでもある種の秩序とテクニックのフィーリングが生まれます。でも、このトレーニングでは技術よりも、そこから何かユニークで新しいものが、参加者一人ひとりから生まれるように誘うことが大切です。ですから、技術を教えたからといって、固まってほしくありません。それよりも喜びと自由な感覚とともにいてほしいのです。そうすることで、自然を模写するのではなく、自然の中に自分を預けていくような経験をしてほしいのです。

その点で、水彩画は多くの可能性を秘めています。水彩は自然と神秘的に通じ合う質を持っています。水彩絵の具で絵を描き始めると、自然と深くつながり、調和が取れていきます。これは壮麗《そうれい》な感覚で、自然への理解が深まり、五感が鋭くなります。

トレーニングを続けましょう。次は描き手が自然に働きかける方法をデモンストレーションするので、みんなに輪になって集まってもらいます。トレーニングのヘルパーであるフルワリは準備を間違えて、デモ用のセットがふたつ用意されていたので、急遽、アシスタントのニルビカルパと一緒に行いました。ふたりのやり方を見せることで、参加者は私の描き方を真似せずに、自分のやり方を意識するようになるでしょう。

私はニルビカルパと一緒に床に座り、パレットに自分が使いたい色の絵の具を置いて、水彩画を描きはじめます。彼女が赤と黄色を選んだのでそれ以外の色を選び、水彩画に真似すべきスタイルなどないことを示すため、私はあえて彼女と正反対のことをします。そうして、「私は違ったタイプの絵描きなのよ」と楽しげに宣言します。

私は太いブラシと暗い色で抽象的な形を描きます。ニルビカルパの絵も抽象的ですが、ずっとデリケートで美的です。描き終わり、私は彼女の絵を見て、「あなたの絵のほうが素敵ね。私もそんな絵が描けたらいいのに……」と言います。

参加者は六週間のトレーニングのあいだに、少なくとも一度はこの言葉を使ったり、考えたりします。大人数で絵を描いていると、どうしても自分と人の作品を比べてしまうのです。ですから、私があえてそう言ったのは、誰でも同じコンプレックスがあり、自分以外の誰かになりたいと思っているからです。大画家でも、ときには誰か別の人になりたいと思うのです。これは極めて人間的なものですから、そのことでみんなに罪の意識を持って欲しくありません。特に今日は、楽しいフィーリングとつながってほしいと思っています。

さて、今度は参加者が自分で探求する番です。水彩のセットを持って、リゾートにある白い大理石の小道の上で自分の場所を見つけましょうと説明します。この小道は木々や茂みやあらゆる種類の珍しい植物で囲まれていて、自然を描くにはもってこいの場所です。

いざ、出発する前に、パートナーを見つけて、ゲームをやりましょうといざないます。このゲームはみんなが持つ物の見方に変化を引き起せるかもしれません、と説明します。このゲームは、「カメラと写真家」と言い、昔から知られるセラピーのテクニックで、パートナーとのあいだに信頼関係や親密さを養ったり、自発的になったりすることができるようになります。私のワークでこのテクニックを使うのは、ペインティングのトレーニングに特別な目的を持たせ、美術の基本原理を経験してほしいのです。

ゲームはパートナーが写真家、もうひとりがカメラになります。カメラの人は目を閉じて写真家の手を取ります。写真家は撮りたい場所にカメラを連れていき、シャッターを切りたい位置にカメラを置きます。バラの花でも誰かの顔をクローズアップして撮ってもかまいません。写真家が「カチャッ」と言ったら、カメラは目を開け、間髪入れずにもう一度「カチャッ」といってカメラの目を閉じます。こうすることで、カメラ役の人は一瞬で視覚的な印象を手にします。その人のマインドはこれから何を目にするのか、予想する暇がないだけでなく、目に入った印象を分析して、レッテルを貼り、意見を形成する時間もありません。

「私がこのエクササイズを知ったのは、二十年くらい前です。この方法でイメージを受け取ることは、とても新鮮な体験でした。まるで見た対象がハートの中に直接飛び込んでくるように感じました。この体験を通して見たものはみな純粋で、無垢な存在でした。私は長いあいだ、画家として自然を研究するため、自然の中へ赴いては観察していましたが、これまでは私から自然に対して働きかけていました。ところが、自分がカメラになったその瞬間、自然が丸ごと私の中に入ってきたように感じたのです！　一瞬のうちに、イメージを受け取り、まったく新しい種類の理解が起ったのです。それともうひとつ、目に見えるものはすべてに色彩があることが当たり前だと思っていますよね？　でも、このエクササイズでは、まずやってくる印象は色よりも明るさと暗さです。このコントラストが大事で、本質的には白黒の印象なのです」

このように考える人はほとんどいませんが、風景や木花、海の景色を描くには、意識的にでも無意識にでもかまいませんが、光と闇のコントラストを使わざるをえないのです。カメラのエクササイズで一瞬だけ目を開けると、ある程度は色彩の印象を受けても、一番強く感じるのは、白と黒のコントラストです。ご自分でもぜひ試してみてください。これが、トレーニングで白と黒で描くことを強調する理由のひとつです。このことから、コントラストの根本的な役割が理解できます。

エクササイズをガイドして、参加者の全員がカメラを経験したら、水彩画用のセットと紙を手にして、先ほどの小道へ出かけていき、カメラのテクニックを使ってみるように言います。

「はじめから絵を描こうとも思わないで、ただ座っていてごらんなさい。紙を前において、自分がカメラだと想像してみてください。目を閉じて準備ができたら、一秒間だけ目を開けて、自然の印象を受け取りましょう。木の幹、葉っぱ、目の前の自然をただ受け取りましょう。それからまた目を閉じ、別の方向を向いて新しい写真を撮り続け、受け取る印象に酔いましょう。それからゆっくりと、その印象を紙に写しはじめます。目を開けては写真を撮り、その印象を描きますが、描きたい対象に似せようと思わないで。葉っぱに似ているかどうかは気にしなくてもいいのです。カメラを使うと、マインドを持ち込む時間はないので、どんなものでも、ただあるがままの姿になります。あなたは印象を見て感じ、暖かく迎えます。茂みに踊っている陽の光に、何の解釈もコメントもいりません。自然を模倣しないで、正しい描き方にとらわれず、ただ自然を描いている自分の姿を見ています。このように、みなさんに描いてほしいのです」

瞑想リゾートにとって今日、つまり日曜日は特別な日です。日曜の朝はいつでも、ブッダホールでサニヤス・イニシエーション・セレブレーションが行われています。これは訪問者の中で「サニヤスをとる」、つまりＯＳＨＯの弟子になるということを意味します。ですが、すでにＯＳＨＯが他界した現在、その意味が少し変わり、弟子になるというよりも、瞑想を通して内側の探求に人生を賭けるといったニュアンスが強くなりました。いずれにせよ、これはＯＳＨＯが意図していたことでした。

このあたりで、参加者の呼び名を説明しておきましょう。おそらく、この本で私が参加者を紹介するとき、その多くの名前は耳慣れないものでしょう。これらの名前は、サニヤスをとるときに名付けられ、そのほとんどがサンスクリット語です。新しい名前があることで、今までのアイデンティティから距離を取りやすくなり、新しい始まりサポートしてくれます。私のトレーニングに参加している人は、その大部分がサニヤシンなので（もちろんそうである必要はありませんが、プネーでは自然とそうなります）、お互いをサニヤス名で呼んでいます。

一九七〇年代に私がサニヤスをとったとき、OSHOは私に〝ミラ〟という名前をくれました。これは、五百年ほど前にラジャスタンに住んでいた、光明を得た女性神秘家の名前です。彼女は王族として生まれ、後にインド神話に登場する英雄クリシュナの情熱的な心酔者となり、ウダイプールの町の通りで、恍惚として歌い、踊り、夫を恐れおののかしたのでした。現在ではウダイプールの町の中央に、ミラの記念碑が立っています。ミラが今ここにいたら、このサニヤス・セレブレーションを気にいってくれることでしょう。ライブ・ミュージックとともに歌い踊るという、美しくて楽しい行事です。私はこの〝命のダンス〟にぜひとも、みなさんに参加してほしいと思います。

さて、今大事なのは、みんなが〝完璧という罠〟に捕らえられてしまわないことでした。ですから私は参加者にこう語りかけます。

「聞こえてくるサニヤス・セレモニーを、絵を描く力として使いましょう。いつでも、ブッダホールに走っていって、踊りと歌に参加してもいいので、自由にしてね」

とは言っても、私はただみんなにハッピーでいてもらいたいためにこう言うのではなく、地に足をつけて、絵を学ぶことと深く結びつくためです。かつての私は、自然の中に人々を連れて行き、白い紙と絵の具を与え、みんなが座り、描き始め、それから突然つぶれてしまうのを、何度となく見てきました。これは、本当の話です。はじめて自然を描こうとする人の八十パーセントは、途中で行き詰ってしまいます。そしてそのときの経験が、苦い経験になってしまいがちなのです。

一体なぜでしょう？　それは〝完璧なもの〟に出会っているからです。星も木々も、海も川も、雪、日の光、月の光……自然はあまりに美しく、カラフルで、見るものを圧倒し、そこに何も付け加える必要はありません。一枚の葉っぱでさえ同じです。ですから、私たちは緊張します。また記憶の中から「自分には無理だ」という言葉がやってきて、こういった気持ちが強くなるほど、紙の上で動かす手は、マインドにしばられることになります。とにかく意味があるものを創り出さなければと努力し、その分だけフラストレーションを感じてしまいます。

しかし、マジックが起こりました。参加者が絵を描く様子を見ていると、奇跡が起きているのが分かりました。音楽で踊ってみたり、日の光を楽しんだりして、自分と他人、そして対象となる自然との関係を気にしていませんでした。木々や植物などの形を描く人もいれば、抽象画を描いている人もいましたが、みんなカメラのテクニックを使って印象を受け取り、内側での反応を感じ、その感覚を紙の上に表現していました。朝のセッションの後でシェアリングをしたところ、参加者全員のうちふたりを除き、水彩画のトレーニングを楽しく過ごせたのです。この数字が逆さまになるときもあるので、これにはびっくりしました。私が朝のワークの途中、私が感じたバイブレーションは飛び跳ねるような質でした。これこそ、みんなに学んで欲しいもので、誰のハートの中にもある特質です。私はシェアリングの途中でこう語りました。

「本当に大事なのは、『何も大事なものはない』ということ。たとえ完璧なものを作り出せたとして、それが持続できても十年程度です。これが人生の目的でしょうか？　私はそうは思いません。大事なことは、現在、この瞬間にいることです。何をしても、それが意味をもつのです」

私が目指しているのは、みんなが良い絵を描くことよりも、のびのびとしていること、喜びと遊び心にあふれていることなのだと告げ、遅かれ早かれ、みんなが自分のクリエイティブな衝動とつながり、その姿が現われるのを許せるようになります。それが起こると、〝良い絵〟は自然に生まれるもので、あくまでそれは副産物なのです。

楽しめなかったふたりについては、ダブルでショックを受けた状態でした。ひとつ目は、絵が上手くいっていないということ、ふたつ目は、残りの人たちはみな楽しんだという事実を知って落ち込んでいたようです。彼らがこれ以上落ち込まないよう、私はこう言います。「これは普通のことよ。たいていの人に起こることなの」ふたりは理解してくれたようです。

午後、ランチの後にブッダホールの回り小道に戻ってみると、朝の部で落ち込んだふたりも含めて、全員が絵を描くことに熱中していました。徐々に変化する光のアングルが、自然が持つパワーを露わにし、参加者全員が喜びを持って、それがグループをひとつにつなげた状態を生み出していきます。

私の水彩画には、たくさんの光が必要です。なぜなら、光のもとだと絵の具は十分もしないうちに乾くので、次々と別の試みを加えられるからです。こうすることで複数の色が重なりあい、お互いを補い合い、神秘的な趣を醸し出します。このアプローチの仕方に気が付いたのは偶然でした。普通、水彩を描くときは、アウトラインを模ってから色を塗り分け、複数の色が重ならないように注意します。これは水彩画が透明感を重視する絵画技法であるからでしょう。もちろんこういった描き方をすることで、素晴らしい絵を生み出せることを知っていますが、正直なところ、何かが足りない感じがするのです。このテクニックに囚われると、新しい絵の具の層を通して表現できる、大地の神秘や暗闇から訪れる驚きといったものが表現できないのです。

もちろんこの神秘的な感覚は、私が考案した水彩の画法をもってしか手に入らないものではありません。なぜならこれは、画家が自分の内側の深みとつながったことに対する副産物なのです。後の章で、自分自身により深く入っていくプロセスをご紹介しますが、ひとまずここでは、トレーニングが進むにつれて、参加者たちは内側へと動き、今までとは違った自分と出会っていくことをお分かりいただければと思います。

とは言え、これは決して楽な経験ではありません。水彩画を探求しはじめて数日が過ぎると、私がいくら気楽に取り組むように促しても、だんだんとヘビーなプロセスに入っていく人たちが出てきます。

ある日の午後、クリシュナ・ルームの屋上でシェアリングをしていたときのことです。私はそこで「楽しめていない人はいますか?」と尋ねます。

「私です。すごく怒っています」とスキが言います。

スキはイスラエルからやって来た若い女性で、小柄で髪を刈り上げ、褐色の肌と大きな茶色の目をしています。そして今はまるで火山の上に座ったような表情をしています。身体全体がエネルギーで震えていて、叫んだらよいのか、泣いたらいいのかも分からずにいます。

「今朝、ブッダホールでダイナミック瞑想をしました。それでもまだ腹が立っているのです」と、やっとのことで話し出します。

ダイナミック瞑想については次の章で取り上げますが、怒りなどの強烈な感情を浄化する方法のひとつです。それでもスキの問題は解消しませんでした。

「ブッダホールの外に座り、白い紙を眺めていると、無理やり何かをしなければいけないと言われているように感じるのです」

彼女は水彩画のエクササイズを通して、子供時代に起こった、似たような状況を思い出したのでしょう。例えばご両親に「私の子なのだから、ベストを尽くしなさい」などと言われたのかもしれません。

私はスキの後ろから白い紙を持ってきて、彼女の前に置きます。

「いりません」と言いながら、スキは紙を押しのけます。

怒りと涙のあいだを揺れる彼女を見て、私は彼女の涙をサポートする必要を感じました。なぜなら、この怒りは私にもグループの誰にも関係のないものですし、どんなことがあったにせよ、彼女は自分で選んでグループに申し込み、その機会を手に入れているのですから。

私は彼女に「今の状況を探求するつもりがありますか？」と尋ねると、彼女はうなずきます。

「今から言う言葉をグループの一人ひとりに言ってみてください。私にもね」と言いながら、マットの上で輪を作っている参加者全員を指し示します。

「その言葉は、『私には何も期待しないで』です。言いながら相手の目を見て、どう感じているかをグループのみんなに伝えてください」

スキはその言葉を口にする前から内側のプレッシャーが開放されるのを感じて泣き始めます。この言葉に何人かの人たちも、目をうるませています。スキはゆっくりと部屋を見回しながら、優しくその言葉を口にします。


私は次に「私は子供よ。遊びたいの」と言うことを促すと、彼女はささやくようにこの言葉を繰り返しますが、まだ自分の真実をさらけ出すことを恐れて、隠している感じがしました。

「子供のとき、大人たちがどうやってあなたの気持ちを横に押しのけたか、覚えていますね。それはあなたが大きな声で主張しなかったから。だから、大きな声で主張する必要があるのです、『私は子供よ。遊びたいの』って。おもちゃを取られないようにね」

スキが声高にこの言葉を放つたびに、強くなっていくようでした。彼女の内側はシフトしながら、新しい強さが生まれ始めています。この強さは、防衛的で、戦おうとする態度とは無縁のものです。

彼女の手をとって目を見つめ、こう言います。

「スキ、ここにはあなたのことをジャッジしたり、無理強いをさせたり、何かを期待する人はいないわ。それが感じられるかしら？　みなさんのなかで、スキと同じように感じている人、同じ経験をしてきた人は、スキのところにいってあげてください」

驚いたことに、グループの三分の二くらいの人々が、スキを囲んで、彼女の手を取り、目を合わせ、髪を撫で、この気持ちを感じているのは、あなただけじゃないと、愛を込めてパワフルに示したのでした。スキの周りに集まった人々は、ただ彼女を慰めるためではなく、同時に自分のことを癒すために集まったのです。スキは参加者のアクションに連帯感を感じ、素直に主張をしても良いことを知りました。

問題の多くは、惨めな思いをしているのは自分だけと考えて、周りから自分を切り離してしまうことで起こります。しかし、リラックスしてあたりを見回せば、多かれ少なかれ、みんな同じようなもの。それが分かると心からくつろぐことができ、問題の半分は解決されるのです。

さて、再び水彩画に戻りましょう。今朝は、描いた絵を木工ボードに貼っていきます。普通、水彩画は絵を描きだす前に紙を貼りますが、私は昨日描いた自然の絵をボードに貼るようにみんなに言います。それは最初から紙を固定しないことで、水が自在に流れながら、偶然に色が混ざることで、自然にパターンを形成していったほうが、よりダイナミックな絵になるからです。

絵画の喜びのひとつは、偶然の出来事にどう対処するかということ。これによって物事を見る新しい方法が知れます。しかし、その一方で、私はみんなに沈黙のスペースも経験して欲しいとも思います。自然を描くには、自然の沈黙にチューニングを合わせる必要があるからです。波風のない湖面に、自然が映し取られるのと同じで、筆を繊細に動かすためにも、スムーズな表面が必要です。紙に皺があっては筆のストロークが同じ幅になりません。

みんながボードに紙を貼った段階で私は尋ねます「テクニックをもう少し学びたい人はいますか?」

即座にグループ全員が私のところに集まります。このトレーニングでは典型的な技術だけを教えて、みんなに同じように描いてもらっても仕方がありません。そこで私は、選択肢を与えるために一度にいくつかのテクニックを紹介することにします。

実はトレーニング用に使っている紙は個体差が激しく、ものによっては表面が簡単に破れてしまい、水を吸いすぎてしまいます。例えば描いていて紙の表面が破れてしまった場合は、水をあまり使わずに油絵のように厚めの絵の具を塗る、グワッシュ技法のスタイルで描くのが効果的なのです。次に、アシスタントのニルビカルパが透明な描き方をデモンストレーションします。彼女は紙を大事にしながら色を薄く塗るのが得意なので、彼女の手法はひとつの良いお手本となります。もうひとつ紹介したのが、木の幹や枝を描くときのシンプルなテクニックです。光の当たり方に注意して枝を見ると、明暗があることが分かります。これを表現するためには、まずは枝の明るい側は白い絵の具を筆に付けて、紙を横切るように動かします。次に暗い側は、黒い絵の具を用いて同じようなストロークで描きます。こうすることで、明暗を効果的に生み出し、ふたつの色が混ざる部分にはグラデーションが生まれます。さらに、四十代のスペイン人サニヤシンであるティールスの絵を見せます。彼は去年のトレーニングで絵画に情熱を持つようになり、今は時間の許す限り、絵を描き続けています。彼は考えることなく自然の中にスッと分け入り、素早く絵を描けます。彼が持つこのキャラクターは、みんなが大いに刺激を受けてほしいものなのです。

そして私がみんなに最後に見せたのはスキの絵です。昨日彼女が抱いていた感情を雄弁に物語るかのように、暗く、重いトーンと大きな動きで成り立ったこの絵は、大きな木の幹が絵の大部分を占めます。彼女がこの絵に対して〝結果〟を気にせず、怒りに任せて描いたのは明らかでした。

「スキ、自分の絵についてどう感じますか?」

「オーケーです」と、今はずっとリラックスして、気楽な感じで答えます。

「スキ、あなたは透明感について学びたいですか？　あなたの絵を例に挙げてそれをみんな見せてもいいかしら?」

「もちろん、いいですよ」と、スキは答えます。

ちなみに私がここで指摘した「透明感」とは、紙の白い下地ではなく、水彩絵の具が重なった際に生まれる透明感のことです。しかし、私はスキの答えに躊躇してしまいます。彼女がオープンなモードで、先に進む準備ができているのは分かったのですが、彼女の絵を見ると、それを変えようとは思えなかったからです。もし、ここで私がスキの絵に手を加えたら、彼女がせっかく受け入れ始めた内側の質が失われてしまうからです。

「この質がどんなものか、みんなは分かるかしら?」と、彼女の絵を指差しながら、私はみんなに考えるように促します。

誰かが「強さです」と言い、他の人たちが「エネルギー」「怒り」「自由」と、付け加えます。私はこう説明します。

「この絵には有機的で無邪気な質があります。スキは怒りのエネルギーに満ちあふれた状態でこの絵を描いていました。それはつまり、彼女の意識がどこそこと彷徨《さまよ》ったりせずに、完全にここにいて、感情のエネルギーを作品に注ぎ込んでいます。これが彼女の絵に、表現の強さとして表れています」

私は思いついたように、ディーパックに彼の絵を見せるように頼みました。彼は四十代の穏やかでやさしい顔つきをしたギリシャ人です。彼の絵はスキよりも経験豊富で、抽象的ではなく、自然を装飾的に描いています。

「スキはディーパックの絵の上に描き、そしてディーパックはスキの絵の上に描きましょう」

スキはショックを受けて、こう言います。「ディーパックがお望みなら私の絵の上に描いてもかまいません。でも、私は彼の絵の上には描けないわ。美しすぎるもの！」

しかし、ディーパックは絵を交換するという提案に喜びを隠せないようです。なぜならこれは彼にとってても重要なステップなのです。彼の絵はとても綺麗にまとまっていて、愛情のフィーリングがあります。しかし、何かが足りません。彼は対象物を正確に描写できますが、彼にとって、自然はまだ（彼の）外側に存在していて、内側からやって来てはいないのです。空想的に絵を描く彼の傾向は、悪いことではないですが、私がここで教えたいのは、そういったフィルター無しに存在を腹に収めることなのです。いずれにせよ、ふたりがお互いに自分の作品を手放そうとしたことは、私にとって嬉しいことでした。

さて、今晩は私が計画する、音楽と映像とダンスを融合させ、あふれるようなクリエイティビティを表現するイベントがあります。画家の多くが、音楽と絵画を融合させたいという憧れを抱いていますが、私も例外ではありません。

ナロパ・ピラミッドの一角に、日本人のフルート奏者がリーダーを務めるバンドのステージを設営し、同時に私たちが絵を描くためのスペースも確保します。参加者は自分のゲストとペアになって座り、バースデイ・カードのようなお手製の紙に、アクリル絵の具で絵を描いてもらいます。夜が来るとまず私とニルビカルパは来場者にふたり一組での絵の描き方をデモンストレーションします。

ゲストたちは交代しながら絵を描いたり、バンドの演奏に合わせてダンスをしたりします。私にとってこの夜の最高潮は、スクリーンに映した絵の前で行う、フリースタイルのダンス・パフォーマンスです。手にはシルクや綿の大きな布を持ちながら踊るので、揺れ動く布にも絵が投影されます。踊りながら私は、クリエイティビティの種が爆発し、さまざまな色や形が生まれるように感じ、得るべきメッセージがあるとしたら、これに違いないと思います。

「ただ種であり、それが開き、花になることを任せましょう。花の香りは世界に降り注ぎ、広大な存在へと溶け去っていくのです」

読者のみなさんにも、クリエイティビティや絵を描くことを超えて、これまでにこの本で記してきた子供のスペースをさらに深く、探求していただきたいのです。なぜなら、そこに私が表現しようとする〝鍵〟があるからです。でも、その前に、絵画における男性と女性という次元のお話をするほうが良いでしょう。その後で、この本質的な事柄に迫りたいと思います。

第5章

男性が女性に出会い、東洋が西洋に出会う

インド最古の文献、ヴェーダには世界創生の物語があります。「ある日、神が一人ぼっちで寂しがっていました」という、私が大好きなくだりがあります。永遠にひとりでいたら、それは寂しいでしょうし、ヴェーダに書かれた神様はとても人間的なのです。

この物語をかいつまんで説明すると、孤独な神様は自分が楽しむ話し相手として女性を創り出します。その女性はとても美しく、神様は彼女に恋をします。でも、彼女は神の気持ちを恐れて、身を隠します。神様は彼女を探して追いかけるので、彼女は姿を牝牛に変えて逃げ、神は雄牛となって彼女を追います……お互いが次々と動物としての姿を変え続けるうちに、すべての動物の種が創り出されたというわけです。

こういった神話は、純粋なエネルギーが数百万の形として現れる姿を象徴していますが、ここには真実があります。なぜならエネルギーは〝対極〟の間を流れるからです。生は極性の間を踊り、男性は女性を追いかけます。そしてクリエイティビティにも、この種のダイナミックな動きが必要なのです。それ以上に、この物語が教えてくれるのは、男性と女性の間に生まれる魅力は、深刻なものではなく、ゲームであるということ。ヒンドゥー語で〝リーラ〟と呼ばれる、永遠のダンスの一部なのです。

ある朝、ナロパ・ピラミッドを訪れると、私は男性と女性の恋愛ゲームにぴったりのムードを感じます。

「異性のパートナーを見つけてください。でも、グループは女性のほうが多いから、男性を見つけられない人がいても大丈夫よ」

私は、まず〝ストップ、ゴー〟ダンスに導きます。これはパートナーの身体に触れたら、相手が自分の回りを踊り、もう一度パートナーに触れるとストップする、そして今度はあなたが同じことをする……というものです。これを数回繰り返したら、今度はパートナーが部屋のなかを逃げ回り、それを追いかけるように促します。

「これは、追う役と追われる役の気持ちの両方を経験できる良い機会です。恋愛の中でいつでも起きていることですが、たいていは自分が何をしているのか気付いていないのです。ですから、このゲームでは両方の意識に気付けるようにしましょう」

参加者はこのゲームが気に入ったのか、部屋中にエネルギーが躍動しています。美しいロシア人女性のリーナがイギリス人男性を追いかけていますが、彼は一生懸命逃げていません。本当は彼女に捕まえてほしいのです。男性は普段、このようにあからさまに追いかけられる経験がほとんどありません。なぜなら女性は長年、男性が怯えないために、相手の男性がいつも自分を追いかけていると感じるように、巧妙に振る舞ってきたからです。エクササイズの終わりに、こう質問します。

「追いかけられて、楽しかった人は？　逆に追いかけるのが楽しかった人は？」

両方にほとんど全員が手をあげました。これは、いい傾向です。つまり男性も女性も能動から受動へ、つまり男性エネルギーから女性エネルギーへ積極的に移ることを楽しんだのですから。

次に、彫像ゲームを行います。相手の身体や顔の向きを変えて、ひとつの姿勢になるように形作ります。そして数分後に役割を交代します。もうひとつ、今日の本題に入るためのウォームアップとして、パートナーとアイ・コンタクトを続けながら、音楽なしで踊ってもらいます。このときはどちらが受け身かということはなく、自発的に相手の動きを真似します。ひとしきりのダンスが終わったら、パートナーと座るように言います。それぞれのペアの間には、立て向きに置かれた紙と絵の具、クッションがあります。

「今やったエクササイズを感じながら、一緒に描き始めましょう。朝からお互いに追いかけたり、踊ったりしながら、反応し合っていたでしょ？　これらは全部つながっています。絵筆を動かすときも一緒です」

ほとんどの場合、お互い側の紙の端から描き始めますから、ふたりの領域が重なり合うまでに時間がかかります。しかし、ときが経つにつれて、お互いに何とかして出会い、調和を見つけようとします。リーナとそのパートナーの場合、ふたりはなかなか半分ずつに分けた領域から出ようとしませんでしたが、突然、男性が白い絵の具を付けた太い絵筆で、リーナ側にまで長く大胆なカーブを描きました。絵は後戻りできないほど大きく変化しました。リーナは驚いて一旦動きを止めて、彼が加えた線を眺めます。そしてその長い線の両端に、優美な円を描きはじめることで、彼のジェスチャーを受け入れます。一枚のキャンバスのなかにあったふたつの絵が、今は自然にひとつになったのです。

「パートナーがどんな動きや色を加えても、それを見て、応答しましょう。大丈夫、ちゃんと準備はできているわ。それに、どんな方向に向かってもいいのです。いつもどおり、自分を制限せずに、知っていることにしがみつかないで。心を開き、自分以外の人から、驚きから、学びましょう。相手が紙の上でどんなことをするかなんて、分からないのだから」

前にも話しましたが、絵画に対するアプローチを深める方法に、未知や驚きを許すこと、それから自分の内側に入る、ということがあります。パートナーと絵を描くのは、それを深める良い方法です。予期せぬことを相手がしたら、あなたはその瞬間にどう応答しますか？　過去の記憶から？　それともパートナーとさらにシンクロするために、新しいやり方で反応しますか？　この驚きの素質は、パートナーが異性のとき、特にうまくいきます。これは男性と女性ではビジュアルの表現方法が異なるからです。男性のエネルギーは構図や方向、それと絵全体に強さを与える質に、女性エネルギーは感覚に訴える性質に加えて溶け合う質として表現されます。しかし、マジックが起こるのは、どちらの性別でも、そのエネルギーの両方が自分にあることを発見したときです。これがこのワークの目的です。

私は、防音の地下室にみんなを連れて行き、〝スターサファイア エナジー ワーク〟と言うエクササイズを行います。これは足に蓄えられている情報を使って、内側の男性と内側の女性の間に起こる力学関係を探求する手法です。前にも触れたように、足は頭から離れているので、無垢な質を持っています。参加者には目を閉じ、一人ひとりバラバラで立ってもらいます。

「両足を少しだけ離し、自分の体重を裸足に感じます。準備ができたら左足に体重を載せ、身体の左側に意識を向けます。体の左側は女性の性を表し、右脳とつながっています。この状態だとどんな感覚がありますか？　あなたの〝女性の側〟は、その感覚を受け取ろうとしていますか？　自分にこう尋ねてみましょう『私の内側の女性は、砂の上、カーペットの上、はては大理石……どこに立っているのだろう？』と、足元の質感を感じましょう。もちろん私たちは全員、リノリウムの床の上に立っています。でも、ここではさらに感受性を働かせて内側の世界にチューニングしましょう。それによって自分の女性的側面に属する、まったく異なったリアリティが発見できます」

このように参加者たちが気づきを広げられるよう、彼らが想像する周りの環境が、部屋なのか、あるいは野原なのか、シーン全体をイメージできるようにガイドし、今度は自分の左手に意識を向けさせます。

「左手の指がどう動きたがっているかを観察します。この女性はどんな種類の動きが好みですか？ゆっくりと優美に動かしたい？　それとも、大きな動きでしょうか？」

このようにガイドのある瞑想では、まず参加者が自分の体とつながることが大切です。このワークでは内側の女性を感じるために左足と左手を使いますが、これによって歪んでいない情報にアクセスできるからです。これは身体に隠された秘密のひとつです。

「今ゆっくりと、自分の内側にいる女性を探求しています。手は腕に、そして肩につながっています。この女性の体は、どんな感じで、年齢はどれくらいでしょう？ この女性の姿が現れてくるのを見ます。どんな性格で、何を必要としていて、何をするのが好きでしょうか？ 顔つきは？どんなムードを持っていますか？」

意外なことですが、女性であっても内側の女性的な側面は抑圧されていることが多いのです。これは、世界が神話の時代から男の価値観で動いてきたからなのでしょう。現代においても、女性は自分の中にある男性的な側面が持つ支配的なエネルギーに任せてしまっていることが多いのです。そして、いつも片側のみが支配的だと、その反対側は忘れられてしまいます。ですから、内側の女性は自分らしく振る舞うだけのスペースを与えられないのです。

私がこのエクササイズを初めて体験したときはとてもショッキングでした。自分の内側にいる女性は、想像とまったく違うキャラクターだったからです。周りの人が思う私の姿は、バイタリティにあふれて外に出て行くタイプですが、私の中の女性は内気かつエレガントで、世俗的な野心がないキャラクターでした。彼女は、料理や庭仕事など、生活のなかある些細な事を楽しむ人だったのです。それで私は、自分の女性側を、いかに無視してきたかということに気づきました。ですから、最近は、いつも内側の女性に「今、絵を描きたいと思う?」と、尋ねることにしています。自分のなかの女性が出す答えに驚くことも多々あります。何かを作りたいという気分のときでも、内側の女性は静かに座り、ただ何もせずにいたいと言うのですから……この女性は、まったく違った価値観を持っているのです。このエクササイズを通して、私は自分に対してもっと繊細で居られるようになりました。私は、内側の女性と内側の男性というふたりのキャラクターに魅惑されたのです。

さて、私の話はこれくらいにして、グループのエクササイズに戻ります。

「右手で右目を押さえて、左目だけで外を見てください。あなたの中の女性が、周りを見回し、いろんな人と出会い、探求したがっているか、感じましょう。それとも、ひとりでいるほうがいいかしら? もしかしたら、目を閉じていたい場合もあるわね」

部屋の中を歩き回り始める人もなかにはいますが、コネクトしようとする人はあまりいません。

全体としてのムードとしては、自分ひとりで居たいようです。なかでもデヴィは、壁に向かい、長い髪で自分を覆って隠れています。今の彼女にとっては、自分の女性側を経験するだけで充分なのです。

「女性がこの部屋のどこに居たいのか、選ばせてあげましょう。このエクササイズから自分の女性について分かることがあります。女性だからといって、何からも逃げたいとか、一人でいたいわけではありません。中には存在を分かってもらって、賞賛してほしい女性もいます。そして自分に尋ねましょう。このグループに参加したのは、あなたが決めたから？　あなたは瞑想をして探求したいからですか？」

内側の女性についてさまざまな角度から探求した後で、両目を閉じ、この女性にさよならを言い、体を激しく揺さぶるように言います。こうして、経験したことを全部手放します。

今度は男性側です。ゆっくりと体重を右足へと移し、体の右側に意識を当てます。こちらは脳の左半球とつながっています。

「これから、自分の内側の男性と出会います。この男性は、全体重を受けることを喜んでいますか？　それだけの力がありますか？」

私が尋ねる質問は、女性でも男性でも基本は同じですが、ここでは男性らしい価値観にそうように、力点の置き方を少し変えます。というのも、男性はどう感じているかと聞くよりも、どんなことをしているのかという質問のほうが、楽に答えが返ってくる可能性があるからです。

「彼はどんなタイプの男性？　仕事があって、経済的に自立していますか？　よく観察しましょう」

さらに逆側の右手とつながるプロセスで、男性がどのように動きたがっているか調べてみます。先ほどの女性のときと比べて、部屋の中には活発な動きが起こります。大股で歩き回り、内側より外側を見て、周りのものや人を眺めます。動きの質も確かさがあって力強いです。内側の男性を探求したあとで、みんなに、パートナーを見つけ、男女両方のエネルギーを経験してどうだったかを、お互いにシェアするように言います。話し合いが続いたあとで、重要な質問を投げかけます。

「考えてみましょう。あなたの内側の男性は、内側の女性にサポートされているでしょうか？ふたりは調和しながら生きていけますか？」

何人かが笑い出しますが、このリアクションはさして驚くものではありません。内側の女性も男性も、どちらも自分の側面であり、お互いについて知っているはずだと思われるかもしれませんが、実際には、そうでないこともあります。

例えば私の内側の女性は、その存在価値を認められていませんでした。私の人生では、男性が絵を描くことからお金を作ることまで、すべてを取り仕切っていて、彼女がいることに気が付いていませんでした。ですから、私の場合、ふたりが実際に出会って、お互いが違った形で貢献でき、人生を豊かにすることができることを理解するのに、とても苦労しました。

そして、この探求におけるもうひとつの重要な側面は、異性とのあいだに起こるトラブルが、自分自身の内側同士の不一致を反映しているという事実を、見ることにあります。

たとえば、パートナーとのあいだで、お互いが相手より優位に立とうとして、よく言い争うとします。そのときは、たぶん、自分の内側の男性と女性が同じことをしているのです。あるいは、男性のあなたがいつも、結局は手に入れられない女性に惹かれてしまうのだとしたら、内側の女性をやはり手に入れることができない存在であるのです。でも、自分の内側の女性に触れることで、このような恋愛パターンを根本的に変えることができるかもしれません。ＯＳＨＯは講話の中で、内側の男性が内側の女性に出会い、平安の中で暮らすようにならない限り、外にいるパートナーと調和の取れた形で出会う可能性は無いと語っていたのを思い出します。

さらに質問を続けて、内側の探求をガイドしていきます。

「あなたの内側の女性は、内側の男性にサポートされていますか？　どちらの方が瞑想を好みますか？　絵を描くのが好きなのはどちらですか？」

ほどなくして、ふたりのうちのどちらが、スピリチュアルな成長や絵を描くことに、興味を持っているかはっきりとします。男性と女性の内なる力学の姿は、能動的／受動的であるというあいだに生まれる動きです。ただし、いつでも女性側が受動的で、男性側が能動的であるとは限らず、その反対である可能性もあります。どちらにしても、この両サイドの探求は、私たちがいつ能動的でありたいと感じ、いつ受動的であることを楽しむのかについて、深い理解を喚起してくれます。そして、スターサファイアのエクササイズを一通り終えたら、クリシュナ・ハウスの屋上へ移動し、パートナーと一緒に踊り、ある種の「手放し」ダンスへと導きます。

このダンスは、まずひとりが受動的パートナーとなり、くつろいでただ静かに立っています。それから、相手がやさしく押すようにタッチします。触れられた方は、そのエネルギーによって体が動くに任せます。さらに違った感じにタッチしたら、それに呼応して反応します。こうすることで、今まで経験したことがない、内側の隠されたダンスを発見します。これはシンプルながらに意義深いエクササイズです。というのも、ただ受動的でいると、私たちは普通、崩れ落ちて無気力になってしまうからです。

その点このエクササイズは〝能動的な受動性〟を経験してもらうためのものです。誰かが軽く押すことでエネルギーを導入し、相手はそれに応え、エネルギーとともに動きます。入ってきたエネルギーと戦うのではなく、オープンに他の人からの助けを受け取り、身体の表現を探求します。こう書くと楽そうですが、そう簡単なものではありません。回りを見渡すとこのエクササイズに抵抗している人がいます。硬く彫像のようになり、タッチにしぶしぶ反応する人がいるかと思えば、不必要に誇張した反応をする人もいます。これらはいずれも自分のなかで均衡を保とうとしているのです。

ダンスを終えたら絵に戻ります。グループのみんなにはこれから、今日のはじめに選んだパートナーと一緒にワークするので、この経験を絵に持ち込んでみるように誘います。それぞれパートナーは、ひとりがひとりの後ろになるようにして、白紙を前に座ります。ここでは前に座る受動的なパートナーをここでは「チェリーブラッサム」と呼び、後ろに座る能動的なパートナーは「ブルーマウンテン」と呼ぶことにします。ブルーマウンテンは、前に乗り出してチェリーブラッサムの手を取ります。チェリーブラッサムは目を閉じて、これから起こることをただ許します。私はみんなにこう呼びかけます。

「ブルーマウンテンはパートナーへのガイドを始める前に、時間をとって自分のエネルギーとつながりましょう。しばらく目を閉じて、自分の中へと落ちていきます。用意ができたらパートナーの手を取り、絵筆やスポンジを選ぶようにガイドし、そしてパートナーの代わりに絵を描き始めます。相手の手を導いて、絵筆が紙の上を動くようにします。チェリーブラッサムは自分の手をパートナーに委ね、動くままに任せましょう。こうすると、自分の反応がよく見えます。どの動きが簡単で、どれが難しいでしょう？　このエネルギーに身をゆだねるのは、どんな感じですか？」

この状態を長いあいだ続けることで、どちらのパートナーも、それぞれの役割が必要とする質を充分に吸収できます。続いて、役割を交代し、同じように白紙に絵を描いていきます。

エクササイズのあとで行ったシェアリングでは、ひとりで描いているときより、パートナーをガイドしたときのほうが自分のアプローチがいつもより力強く、気づきもあったと言う女性が数人いました。これはある種の自立心が芽生えていることを私に教えてくれ、とても意味深いものでした。シェアリングの時間では全員が自分の意見を発表するくらいに活況でした。パートナーにどう反応したか、自分の弱さや強さについてのどんな発見をしたとか、どの瞬間で自分が開き、またどのタイミングで閉じたのか。さらに多くの人は、ガイドに任せることが難しかったと言います。この時間は私のグループで大事なもののひとつです。ここで、参加者が自分を本当に見せ始めるため、みんなが一緒に成長できる可能性が高いのです。用意されたエクササイズや絵の描き方を学ぶだけでなく、シェアリングを通して理解と気づきを深められます。このシェアリングを切り上げようとしていたところ、美しいドイツ人のビジネス・ウーマンであるバーバラとイギリスの造園家の男性マナルタの間で、自然とぶつかり合いが発生しました。

バーバラがまず口火を切り、受動的であることが難しかったと言います。彼女はとても男性的で自立していて、ひとりで人生を切り開いてきました。彼女は未婚ですが「男性の必要を感じません」と挑戦的に言います。そんな彼女にとって、マナルタとのワークは苛立つものでした。彼は女性的な人物で特に絵の描き方にそれが表現されていました。そんなマナルタにバーバラは文句を言います。

「彼は自分の領分に対して境界線を引こうとしないの。それに彼は、絵の具をたらしたと思ったらすぐに休憩しちゃう。あまりに腹が立って、わざと紙いっぱいに線を引いたわ。さっさと筆を動かしなさいよって言いたかったの」

こういった男性に対するバーバラの態度が、このトレーニングに限ったことではないのは間違いなさそうです。私は彼女に尋ねました。

「あなたは男性に接するとき、常にこういう態度をとっていませんか？」

当然と言わんばかりにバーバラは頷きます。それから、弱い男性との恋愛経験を告白し、マナルタと絵を描いていたときに、その記憶がはっきりとよみがえってきたと言います。その恋愛が破局を迎えたときについてバーバラは「私が彼を破壊したの」と答えました。

次はマナルタがシェアする番です。

「バーバラが不満だということを感じていました。そうなると、いつもどおりの流れです。女性が自分を非難しはじめると、自分が女性的すぎると感じて自己嫌悪に陥ってしまうのです。自分が受動的過ぎるせいで、どんよりしてしまうのです」

私はふたりのシェアリングが終わったところでこう言います。

「私たちが人の中を見て非難するとき、それは大抵、自分の精神の中で避けている部分です。なぜなら、そこは発達するチャンスを与えられなかったのです。バーバラは弱い男性を探してその相手を支配しようとしますが、それは自分の内側の男性が、内側の女性に自分を表現するチャンスを与えていないからです。マナルタは、異性との関係の中で女性に主導権を取らせて、自分の中に引き籠もってしまいます。しかし、彼が本当に望むのは、自分の男性エネルギーの広がりです」

ふたりにとってこの出会いは、自分の内側を見る良い機会になりました。私はふたりに、数日前に行ったエクササイズを思い出すように言います。

「パートナーが寄与したことを、拒絶することもでき、貴重な贈り物として見ることもできます。自分の生活やクリエイティビティの中で欠けていたものとしてね。あなたの受け取り方次第です」

ふと私は、ゴヴィンドと出会ったときのことを思い出しました。これは私の人生で、最も重要な出来事のひとつでした。女性としても、画家としても……。ですからここは読者のみなさんにお許しを願って少し回り道をし、それがどのように起こったかお話したいと思います。

私がトレドで暮らしていたことを覚えておられると思います。そこでアロルドとの情熱的な恋愛を経験し、美術家たちで作ったトルモ グループと一緒にワークをし、絵について、学べることすべてを学んだのでした。そうやってスペインで三年間を過ごしたのち、私は日本の、北の海岸にある生まれ故郷の村に戻りました。突然、家族に会って、七月に二日間にわたって行われる「野生の火祭り」、日本語では「きりこ祭り」という大事なお祭りをどうしても見たくなったのです。

このお祭りの初日に、私は自分の家の前に立っていました。そのとき、外国人が目の前にやってきました。これは珍しい光景でした。私がヨーロッパの友達を家に連れてきては、親に会わせることが恒例になる前の話ですから、村の人は誰も外国人を見たことがなかったのです。

彼は凛々《りり》しく、かなり男前でした。私より年上で、ブロンドの波打つような髪をしていました。

貫くような青い眼と、ある種穏やかで何か分かっているというような顔つきをしていました。あとから、彼が学者で大学の教授であることを知っても驚きませんでした。彼には、ただ本からだけでなく、経験からいろいろなことを知っている人が放つバイブレーションがありました。

彼は、それほど遠くないところで歩を止め、カメラを取り出し、村の写真を撮り始めました。もちろん、好奇心が刺激されて、彼のところに行き、英語で、「あなたここで、何をしているの？」と尋ねると、しばらく私を見つめたあと、彼は笑って言いました。

「あなたを探しに来たのさ」

これはなかなかの名文句です！　映画の台本か何かのよう。女性が人生で一度聞けるかどうかといった文句です。私は、興味をそそられました。そしてこう考えていました。

「突如私の人生に現れたこの人は誰だろう……？」

私はお茶でもどうですか、と彼を家に招き入れました。それから私たちは友人となり、のちに、恋人になりました。当時、彼の名前はゴヴィンドではありませんでしたが、彼について考えるときはこの名前で考えるので、この本ではそう呼ぶことにします。

彼はドイツ生まれですが、日本とアメリカを行ったり来たりしていました。アメリカではボストンのマサチューセッツ工科大学とハーバード大学で、人類学と建築学を組み合わせた珍しい講座を教えていました。彼と話をして、私はすぐに彼が日本に深い愛情を抱いていて、京都に住んでいることを知りました。京都は日本でもっとも美しく、古い都市のひとつです。彼の大学での講座は、見たところは、アジアの建築についての講義シリーズでしたが、徐々に分かってきたことは、それが非常に神秘的で深いものだということでした。彼が研究していたのは、建築の起源であり、その人間精神とのつながりでした。ほどなく私に、ゴヴィンドには、目で見えるものよりずっと深いものがあることを知るようになりました。

しかし、本当に彼の深さに目を開かれたのは、私が京都の彼の家を訪れたときでした。その家は、禅そのものでした。ものすごく美しい家でしたが、その美は、彼が家に物を置かなかった空間そのものが、雰囲気全体を創り出していたのです。

日本人は、いつのまにか「空」のもつ美しさを忘れてしまいました。かつてはこれが、日本建築とデザインの本質であり、瞑想を通して経験される内側の空間とのリンクであるとみなされていたのです。しかし、ゴヴィンドはいにしえの日本の美を底の底まで貫いただけでなく、異質の文化に初めて出会い、それと恋に落ちた外国人だけが持つことのできる情熱で、日本の美をさらに強烈にしていました。

たとえば、ひとつの部屋には、彼は家具を一切置いていませんでした。コーナーのひとつに絵を一幅かけ、その近くに、古い楽器がひとつあるだけでした。そして別のコーナーには、花がたったの一輪、小さな花瓶に活けてありました。

庭に面して日本風の小さな縁側がありました。すぐに気づいたことは、家が庭の一部として設計されているのであり、その逆ではないということでした。ですから、家の中にいても、建築の様式自体が、自然と外を向いて、自然の美を眺められるようにできています。

家の別の部分には、竹の仕切りがぶら下げられていて、細長く竹を割ったすだれになっていました。その竹の間を通して外の自然が見えるようになっていました。それがもたらす効果は、抽象的で、不思議な涼しさを与えてくれるもので、私の内側に沈黙のスペースと静止の感覚をもたらしました。

これは、私にとってのターニング・ポイントとなりました。精神的にも美術的にも、わが家に帰り着いた感覚だったのです。なぜなら、若かった私が拒絶して、背を向けてきた日本の美、その代わりに西洋現代美術の混沌と野性味を選んできたというのに、ここへきて日本の美のすべてが、外国人の目を通して自分の中深くにしみこんできたのです。

私は、東洋の女性として、表現の自由を見つけに西洋に行きました。彼は、西洋の男性として、沈黙と美によって魂を満たすために東洋にやってきたのです。そして、私たちは出会い、自分たちの中に欠けていた部分を互いに与え合うことができたのでした。

私の話はこれくらいにして、グループ・ルームに戻りましょう。私たちは、男性と女性の力学を探求しているところでした。ある日の朝、男女をそれぞれひとつのグループに分けようとしたのですが、女性の参加者のほうが圧倒的に多いので、こちらは三つのグループに分けました。

① フルワリやニルビカルパなどすでにトレーニングを受けたことのある、繊細な画家グループ
② ソフトで、女性的な質を持つグループ
③ 外向的なタイプのグループ

みんなをグループ分けした後で、こう言います。

「まず、自分のグループの人たちとつながり、エネルギーを感じましょう。グループ全体が表現したがっているエネルギーの方向に気付いたら、それを表現してみましょう。劇でもダンスでも、グループから生まれるものなら何でもかまいません」と続けます。

数分経つと、全グループがダンスによる表現を選びました。そして素晴らしいことに、二分と経たないうちに、自分たちの踊りを振り付けして、始める準備が整っていました。このように時間の猶予がないときほど、不思議な現象が起こります。何かが自発的に生まれることにみんなが驚きます。私はＤＪとして自分のＣＤコレクションとｉＰｏｄから、それぞれのグループに合った音楽を探します。

まず、外交的な女性グループには、情熱的なサルサのように、優美で女性的であることを表現できる音楽を選びます。男性グループはリズミックでエネルギーに溢れた音楽をリクエストしてきたので、トライバルなアフリカ音楽とテクノがミックスされたサウンドをかけました。男性たちは自

然に結束と部族的なエネルギーを生み出します。男性たちが踊る姿を見て、女性陣が大喜びしています。これが男性たちを勢いづけ、自分たちのパワーを見せつけるのでした。そして経験豊かな画家たちのグループは、ソフトで水のように流れ、沈黙を交えた音楽と一緒になって、花が咲くように踊り、見ている人たちが、自分の内側へと誘うような世界を表現します。ソフトな女性たちのグループは、まとまって組織化されたダンスでなく、個々が感情を発散していましたが、均一で調和が取れていました。

次に、各グループのために用意した、大きな紙のところに行ってもらい、ダンスで経験したエネルギーを絵で表現するように言います。男性たちはそれほど話し合わなくても、素早くチームとして機能する能力があります。巨大な紙の周りに散らばり、遊び心と自由な感覚を持ちながらも、バランスを取りながら絵を描いていきます。彼らは失うことを恐れず、瞬間に応じて強烈な色を捲き、大胆な筆遣いをします。すべてのグループが、充分に探求して絵を描き進めたあたりで、女性たちに男性が絵を描いている様子を見に来るように誘い、「男性陣の絵からは何が見てとれますか？」と尋ねます。

「エネルギーがひとつにまとまっていて、躍動感があります」

女性がやって来ると、男性のクリエイティビティにパフォーマンスの要素が生まれます。男性たちはさらにワイルドに絵の具をあちこちに飛ばし、結局、紙の真ん中に大きな穴を開けてしまいます。

それから、男性たちは外向的な女性のグループのところに集まり、彼女たちが絵を描くのを観察します。それまで女性たちの絵は美しかったのですが、男性が集まったときに、新しくハプニングが起きます。女性たちはワイルドになり、裸足で紙の上を歩き始め、めちゃくちゃに絵の具を撒き始めます。とうとう最後に、絵は褐色の塊なってしまいました。

「ここから何が見てとれますか？」と、私は男性たちに尋ねます。

それに対して、多くの男性は自分たちと同じような質があると答えますが、ひとりの男性が迷いながらも、異論を述べます。

「なんだか、自分を見失っているというか、彼女たちは僕たちのエネルギーを拾い上げてしまったようです。でも、これは彼女たちが持つ本来のエネルギーではないと思います」

私はそれに同意し、女性たちに絵を描くのをやめさせます。

「男性と競争する気持ちが、あなた方の絵の描き方に表れていますね。これと同じことが、西洋世界の至る所で起こっていることが分かると思います。この原因を遡ると、もともと女性解放運動は、男性たちが自分に与えていた自由を、女性たちには与えてこなかったという事実に気づかせてくれましたが、男性と同等の権利を得るための競争をするうちに、女性は自分の道を見失ってしまったとも言えます。なぜなら今でも、世界の価値観が男性的であるのに、女性はその同じ土俵に上がって、男性を追い抜こうとしているのです。それはつまり私たち女性が、自由の雰囲気の中で女性であることを探求し、本当に女性になる許可を自分に与えていないからです。だから、この絵は繊細さと美しさを失ったのです」

一人の女性が、私の言葉に気分を害したのか、反論します。

「男性の真似なんかしていないし、第一ワイルドになるのって気持ちいいじゃない！」それに対して、私はこう答えます。

「私自身、すごくワイルドだし、女性がそうなってはダメなわけじゃないのよ。言いたいのは、自分に正直であることより、真似をしてしまいがちである、ということなの」

この真実は受け入れがたく感じるかもしれませんが、なかにはそれを理解し、こう答える人もいます。

「私たちだけで描いているときには、自分のスピードとスペースがあって、お互いのあいだで何か育っているものがあるように感じていました。そのあとで、自分が攻撃的になっている感じがして、これは私らしい姿ではないですね。だから今はもう、絵を感じることができません」

男性のひとりが声を上げ、自分たちのグループに女性がやって来たときにも、似た感じがしたと言います。つまり女性に見せようという意識が生まれ、どうやって自分を見失ったか説明します。

私はこう言います。

「みんなに自分がダメだと思ってほしいわけではないの。ただ自分とのつながりをどれほど失いやすいかということを、注意して気付いておく必要があるのです」

今度は、女性性が豊かなグループのところに行きます。ここでは、彼女たちはお互いの絵が重ならないという暗黙のルールがあるかのように、紙のなかで個々がセクションを作って描いています。

「この絵からはお互いがつながっていないのが分かるわ。個々が自分らしくあり、他人に対して攻撃的にならないという意味では素晴らしい素質です。でも、同時に絵に力強さや動きがないことでもあるの。もしこの絵に何かしらの危険があるとすれば、最終的に淀んでしまうということね」

私たちはこの場所を離れ、経験豊かな画家のグループのもとへと行き、見学に興じている参加者たちにこう尋ねます。

「ここでは何が目にとまりますか?」という問いかけに、ある女性が答えます。

「深い沈黙があります。お互いに話をしているわけじゃないのに、瞬時に反応し合っています。描いている姿が美しく感じます」

私はうなずいて同意します。

「その通りよ。誰も干渉しあっていないのに、溶け合うように絵全体が有機的に生まれています。彼女たちの絵を見ていると、自分の行いに愛を持って他の人と一緒にワークをすることで、お互いに成長できるということが学べます」

このワークが終わったところで、エネルギッシュな音楽に合わせて私たちは全員で踊りました。

一連のエクササイズの強烈な体験から抜け出て、お互いがそれを祝い合うムードへと切り替わります。このエクササイズは参加者にとって良い学びの体験になりました。彼らはエネルギーとのつながりは失われやすく、その向きは移り気であり、ひとつの考えに入ってしまいがちであることを理解しました。しかし、こういったエネルギーの特性に気づくことができれば、その場で立ち止まり、再び内側とつながることができます。そうすると、エネルギーはどんどん戻ってきます。

では、このエネルギーはどこからやってきて、私たちの内側では何が起こっているのか？　その答えを言葉として表現するのはとても難しいので、今は〝願わくば〟次の章で発見できると言っておきましょう。

第6章

ダイナミック瞑想

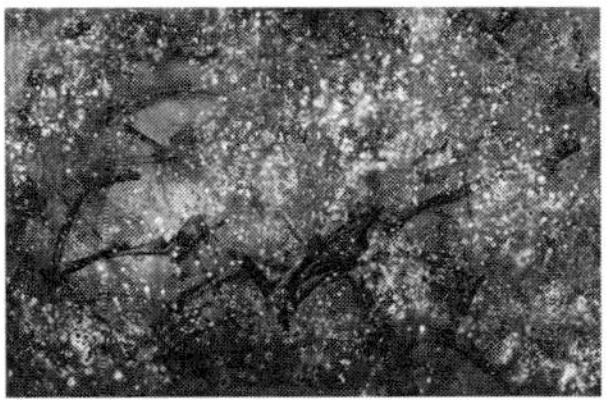

さて、今日のトレーニングはナロパ・ピラミッドから始まります。

「ダイナミック瞑想が好きな人はいますか?」

と言う、私の第一声でみな目を覚ましたようです。参加者の四割くらいの人が手をあげました。

「では、ダイナミック瞑想が好きではない人は?」

今度は三割くらいの人が手をあげました。

「これからダイナミック瞑想をテーマにした〝劇〟をしましょう。まずはこの瞑想が好きな人、そうでない人で分かれて、ふたつのグループになってください。はっきりしない人は、自分がどちらのグループに傾いているのかよく感じて参加してくださいね」

グループができたところで、この瞑想が好きではない人たちは座って、聴衆になってもらいます。

「ダイナミック瞑想が好きなみなさんは、その気持ちを示すチャンスです。好きでない人たちのところへ行って、この瞑想がどれほど良いものか、なぜあなたはこの瞑想が好きで、どれほど素晴らしいのか、説得してみてください！」

部屋には笑いが起こります。というのも、みんなこれがゲームだと分かっているからでしょう。でも、私はこのドラマを通して、ダイナミック瞑想を多くの人に深く理解して欲しいという目的があるのです。

さて、ダイナミック瞑想についてはまだ説明してこなかったので、読者の方には何のことかよく分からなかったかもしれません。これはＯＳＨＯが創りだした瞑想テクニックのひとつで、彼が編み出したさまざまなワークはすべてこのダイナミック瞑想に集約されていると、私は考えています。ダイナミック瞑想は、座って呼吸を整えていく類の瞑想ではありません。怒鳴《どな》ったり、叫んだりして、その場でジャンプを繰り返し、すべてのエネルギーを使い果たします。ＯＳＨＯ本人でさえ、ダイナミック瞑想は「非常に過酷な方法だ」と語っています。

「混沌瞑想、つまりダイナミック瞑想は、非常に過酷な方法だ。これはスイートな祈りなどではなく、苦いものだ。しかし、この瞑想は、あなたの生命からたくさんのほこりを拭い去り、偉大な目覚めをもたらしてくれる力がある。それがあなたの最初の悟りになり得る。ただそれには百パーセント、自分を懸ける必要がある」

おおよそダイナミック瞑想がどういうものか、理解してもらえたと思います。具体的にどういうアプローチをするのかは、ゲームのエピソードのなかで触れていきます。

では、ダイナミック瞑想の演劇ゲームの話を続けましょう。先ほどは瞑想好きのグループが、そうでないグループに説得を試みるところでした。瞑想好きのグループは、熱い気持ちとドラマティックなジェスチャーで聴衆を説得します。横から見ていると、ふたつのグループの間にあるエネルギーの違いが見て取れます。この瞑想が好きな人たちは明るく生き生きとしています。彼らはとても頑張っているので、もう一方のグループの人たちの何人もが、熱心に耳を傾け始めています。さて、交代の時間がやってきました。

「オーケー、とても良かったですよ。戻ってきて座ってください。今度は、ダイナミック瞑想が好きではない人、あなたがたの番です。ここにいる瞑想家たちに、あなたがたが正しいことを見せてください」

こちらも楽しい見ものです。ダイナミック瞑想が好きでない方の何人かは、枕の形をしたクッションを手にとって、眠たげに聴衆のところに歩いていきます。

「う〜ん、いい気持ち。瞑想はいつでもできるわ。ここでは毎日山ほど瞑想があって自由に選べるもの。それに今朝は本当に寒い。でも、お布団の中は暖かくて気持ち良い……もうちょっと寝ていよう」

ふと、周りを見回すと、アレクサンドラが私の横に座っていて、どちらのグループにも参加していないことに気づきます。

「なぜ参加していないの?」と私が言うと、彼女はこう答えます。

「私は物事を『これで決まり』という風には決められないのです」

彼女の話し方はとても印象的で、瞑想から距離を置くために言い訳をしているわけではないと感じました。彼女の真実を知り、この劇に新しいエピソードを加えるアイデアを思いつきました。

瞑想嫌いなグループの劇が終わって、一段落したところを見計らって、みんなに私とアレクサンドラを見るように言います。私はプネーの瞑想リゾートのことが右も左も分からない人として、さらにはアレクサンドラにも、あるキャラクターを言い渡しつつ、自己紹介をします。

「私はプネーに来たばかりでダイナミック瞑想に行ったほうが良いのか、行かないほうが良いか分かりません。アレクサンドラは、ここで最初に出会ったグループ・リーダーなので、彼女に尋ねたいと思います」

そう言って私はアレクサンドラの横に座ります。

アレクサンドラは、セラピストとしての役割に怖気づくことなく、こう答えます。

「私にとって、今朝はダイナミック瞑想をするのに良い日でした。なぜなら朝早く目が覚めて、すぐにベッドから出たいと感じ、私のハートが瞑想をしたがっていたのです。いつもこんな感じで、行きたい気持ちがあればそうするし、そうでなければ行きません。適当にごまかせないのです。ですから、毎朝ダイナミック瞑想に行くべきとは言えません。瞬間ごとに決めるのです」

このやりとりについては後から、アシスタントたちにひやひやしたと言われました。しかし、私は自分の直感を信じて、みんなに選択肢を与えたかったのです。瞑想は無理矢理やらされても、決してうまくいきません。自分からやろうと思えば〝内側の決意〟とつながることができます。

ダイナミック瞑想について、もうひとつお話してから、その手順を説明したいと思います。この瞑想はトータル……つまりは自分の〝すべて〟を投入するとどんな感じがするのか、それを経験する機会を与えてくれます。そして、それ自体が、命の秘密を解き明かす鍵とも言えます。

もし、生きていくうえで、瞬間ごとにトータルであることができれば、セラピーを受ける必要はありません。では、そのように生きるには、どうしたら良いのでしょう？　ダイナミック瞑想をすれば、それが分かります。アレクサンドラとの話が終わったところで、みんなにこう聞いてみました。

「ダイナミック瞑想の手順は知っていますか？」

「鼻から深くて速く息を吸い　吐く息に力を入れて、混沌とした呼吸をします」とリシラジが答えます。彼はドイツ人のサニヤシンで、私のトレーニングを三度受けているヘルパーです。彼の口調はまるで教師のようで私も驚いてしまいました。リシラジはにっこり笑って説明します。

「ドイツの瞑想センターで毎日ダイナミック瞑想をリードしていたことがあります」それを知っ

て、私はこう提案しました。

「じゃ、デモンストレーションをお願いできるかしら?」

リシラジは「いいですよ」と言って立ち上がり、みんなが丸く座って作り出したスペースの真ん中に進みます。

「普通、深呼吸をするとき、できるだけ深く息を吸い込もうとして、吐く息はあまり気にしません。しかし、ダイナミック瞑想の呼吸はその逆で、吐く息に集中し、吸う息は入ってくるに任せます。こんな感じです……」

そう言って、鼻から激しく息を吐き出します。背中を丸め、胸をしぼるようにして、空気を全部吐き出そうとします。手を軽く握って肘を曲げ、胸に向かって勢い良く腕を振り下ろし、上半身全部で身体の中の空気を追い出します。吸気は、彼が言うように、自然に起こります。

そしてまた呼気に移り……蒸気機関車のように音を立てます。強烈な呼気とくつろいだ吸気を繰り返しながら、呼吸の間隔を狭め、鳥が羽をばたつかせるように腕を開いたり閉じたりします。リズムに乗ってきたところで、今度はリズムを壊します。呼気を短くしたり長くしたりすることで、混沌とした要素を持ち込むのです。

この瞑想のための音楽をOSHOはドイツのニューエイジ・ミュージックの音楽家、ゲオルグ・ドイターとともに制作していることも付け加えておきましょう。彼は現代人のマインドを持った人が、この瞑想で混沌とした呼吸に入るためにはこのようなサポートが必要なのだと感じていたのでしょう。

さて、これがダイナミック瞑想の「第一ステージ」です。十分間、混沌とした呼吸を続けます。そうすることで、身体の中に溜め込んだ感情を混沌とした状態にします。このような方法でないかぎり、抑圧されたままの感情を、激しく刺激できません。呼吸を重ねるたびにプレッシャーが蓄積され、爆発の一歩手前へと向かいます。


「第二ステージ！」と私はリシラジに向かって叫びます。彼は止まって第二ステージの説明をする代わりに、爆発したまま、第二ステージのデモンストレーションへと飛び込んでいきます。

「こんなグループなんて、クソ食らえ！　絵を描くのなんて、クソ食らえ！」と大声で、怒り狂ったように叫びます。ダイナミック瞑想の第二ステージは〝カタルシス〟すなわち浄化のプロセスで、そのために自然発生的な感情表現を行います。シリラジの演技からはちょっとしたユーモアも感じるので、グループのみんなは大声で笑っています。リシラジは足を踏み鳴らし、怒鳴り、叫び、身体を丸ごと投げ出し、第二ステージのデモンストレーションをやり遂げると、ぴたりと止まって微笑んで頭を下げ、観ている人に拍手を求めます。

続いて「第三ステージ」と私が言うと、リシラジはインストラクターに戻り、説明を始めます。

「腕を頭の上に上げてジャンプします。着地は足の裏全体で行い、踵が地面を打つことが大切です。そのショックがエネルギーの波として脚の後ろを伝わり、自身のセックス・センターへと送られます。ジャンプしながら、同時に〝ブーッ、フーッ、フーッ〟と大きく声を出します」

ご想像のとおり、これはかなり過激な運動です。アフリカではこのようなジャンプを数時間も行い、最後には気を失って地面にばたりと倒れてしまう部族がいます。もちろん彼らは超越性を味わうためにこの行為をしますが、私たちのような都会人には、数分間でも一生分のように感じます。

これら三つのステージは各十分、合計三十分間にわたり強烈な身体活動と感情的カタルシスが行われます。瞑想全体への鍵は、第一ステージの混沌とした呼吸です。呼吸に全エネルギーを注ぎ込めば、自然と爆発的なカタルシスが起こります。第二ステージで感情をリリースした後だと、比較的ジャンプは楽にできます。

「ストップ！」と、私が叫びます。リシラジはぴたっと動きを止めます。目を閉じて、腕は頭のうえに上がったままです。激しい呼吸がだんだんと穏やかになります。これが沈黙と静止の「第四ステージ」で、ここで〝瞑想が起こりえます〟。このステージは十五分間なので、ここまでで四十五分間になります。

ダイナミック瞑想において三つの活動的なステージの後で、突然止まるのは、瞑想状態に入りやすくするための仕掛けとでも言えるでしょう。三十分間、身体と心と感情のエネルギーをすべて使い切り、それから、何もしない状態……と言うより、何かしたいと思っても出来ないというほうが正しいかもしれません。こうなると、今まで外側へと爆発していたエネルギーが、突然内側に向きだします。呼吸が落ち着いていき、汗を流した身体が冷えていき、思考が頭の中を通り過ぎていくのをただ見つめます。そうしているうちに空白が生まれ、本当の沈黙、無思考な状態、そして〝目覚め〟が起こるチャンスがあります。

そして「最終ステージ」は、ちょうど今、リシラジがデモンストレーションしているのですが、ダンスとお祝いの時間で、幸福感をサポートする喜びにあふれた音楽が流されます。このステージはＯＳＨＯが、〝一時間の苦行を締めくくる素敵な終わらせ方〟を後から思い付いてプログラムに加えたようにも見えます。しかし、このステージが肝心なのです。なぜならＯＳＨＯのアプローチは強烈ですが、シリアスではありません。これはダンスという要素があることで、陽気さと遊び心を維持してくれるからでしょう。瞑想に対して生真面目な態度でいると、探求者の中に聖者ぶったエゴが生まれることをＯＳＨＯは熟知していて、それを避けようとしたのでしょう。

ここまで読み進めて、こころの中でこう思われてもおかしくありません。

「瞑想状態をほんの少し味わうために、三十分も拷問のような目にあわなければならないの？」

答えは「その通りです！」

現代人のマインドは忙しすぎて、身体も感情も強ばっています。ですから、ダイナミック瞑想のような極端な方法を使って、内側にあるごみを掃除しない限り、瞑想のための余地が生まれるということは、ほとんどあり得ません。少なくとも十五年間、私がこの瞑想を薦めてきた経験からも、そう言えます。だからといって、何年間も毎朝、ダイナミック瞑想をしなければいけないわけではありません。実際、私もそこまではしませんでした。ただ、この瞑想の重要性を分かってもらいたいのです。

「エネルギー＋カタルシス＋気づき＝瞑想が起こりうる状態」

これは瞑想における化学方程式のようなもので、プネーの瞑想リゾートで提供されるグループ・プログラムやセラピーの多くが、この方程式のバリエーションを含んでいます。内側をクリアにして、人々がエネルギーや活力を取り戻すことで、瞑想が起こりやすい状態に導いているのです。瞑想リゾートでは、このダイナミック瞑想のほかにも数十種類の瞑想が提供されています。クンダリーニ瞑想、ナタラジ瞑想、ナダブラーマ瞑想、グリシャンカール瞑想、ワーリング、チャクラサウンド瞑想、座禅、ヴィパッサナー、ジベリッシュなどがありますが、世界には数千種類の瞑想があります。

ですから、これらの〝瞑想テクニック〟と〝瞑想状態〟はまったく別のものとして区別しておく必要があります。誰でもテクニックとしての瞑想は行えますが、〝瞑想状態〟に入ることは容易ではありませんし、自らで意図的に起こすことはできません。だからこそ、瞑想はいつも捉えどころがなく、神秘的なものと考えられるのです。ですから、瞑想のテクニックが共通してもつ目的はひとつです。その技術を行う人が〝リラックスして受容的であることを助ける〟ということです。くつろいだ内側は、沈黙と優雅さ、そして美の感覚を伴って、瞑想状態が自然に花開いていきます。

特にダイナミック瞑想をはじめてから数回は、マインドがこれは手強いものだと即座に抵抗します。

「こんな呼吸はできない！　理由もないのに怒鳴ったりもできない！　十分間もジャンプし続けるなんておかしいじゃないか？」

しかし、エネルギーとは不思議なもので、使うほどに沸いてきます。最初は、ダイナミック瞑想＝疲れる＝出来るはずがない、と自分を納得させてしまいがちです。しかしそれは実際に試していないからに過ぎません。自分の潜在能力を探求せず、エネルギーの深い層に辿り着いていないのです。世界中の瞑想者の中でも、これを理解している人は少ないでしょう。瞑想はただ座って目を閉じれば起こるものではありません。だからこそ、プネーで提供される瞑想テクニックのほとんどは、最初にアクティブなステージを取り入れて、エネルギーの源泉を刺激します。瞑想にはエネルギーと強烈さ、それに総体性が必要なのです。

絵もまた同じです。フィンセント・ヴァン・ゴッホがどうやって絵を描いていたのか、彼の記述を見てみましょう。

「絵を描くとき、私は自分の血液の一滴一滴をすべて動員します。私の心は風とともに振動し、手は稲妻のようにキャンバスにたたきつけられます。筆が色をぐいぐいと押し付けて、耳はその音を聞きます。こうして私の感情そのものが絵になるのです。私は自分の思考が漂い、キャンバスへと付着するのを見、その間、手はリズムに合わせて動いています。手はリズムを刻む以外に、何の目的も持ちません。ひとつの動きに重なるように次の動きが起こります。それは、途絶えることがありません。茶色の海のこげたような海霧、エメラルドの夜明けの深い黄金と緑の中に隠された狂気をわずかに覗かせながら、湧き出てくる動きです。」

ゴッホはけっして頭で描いているのでありません。彼の全存在が燃え上がっているのです。腹のなかからハートと魂を注ぎ込んで描いています。そしてそれこそ、スピリチュアルな探求者が内なる探索に対して取るべき態度であるべきでしょう。

ゴッホの言葉は前章で喚起した質問につながります。

「そのエネルギーは一体、どこからやってくるのだろう?」

実際、この答えは誰も知りません。ですが、分かっていることもあります。それは、エネルギーは自分の中に深く入っていくことで手に入れられる、ということです。

このことは私の経験から話を進めたいと思います。私も一九七四年にインドを訪れるまでは、このようなダイナミックな瞑想のアプローチがあること、それと芸術やクリエイティビティが密接に関わっていることなど、知る由《よし》もありませんでした。

私がインドを訪れたのは恋人のゴビンドがきっかけでした。彼は手紙にインドの古代建築や文化建築を私に見せたいのに加えて、ある賢者に会いに行くと書きました。この一文を読んだとき、私はなぜか震え出したのです。それまで私は絵の世界に没頭していて、それ以外に大事なことがあるなどとは考えたこともありませんでした。ゴビンドはすでにサニヤシンになっていた大学の生徒から、OSHOについての話を聞いていました。ですから、私たちがインドに到着して、最初に向かったのがプネーでした。そこはリゾートというよりもアシュラムのような感じでした。

OSHOを初めて見たのは、毎朝彼が家のバルコニーで行う講話のときで、その日OSHOは、「千代能」という尼師の話をしていました。千代能は位の高い遊女で、禅に興味を持ち尼僧になりたいと思います。ですが、その容姿はあまりに美しく、他の僧の心が乱されると恐れて、どの寺も彼女を受け入れませんでした。そこで彼女は、受け入れてもらうために、自分の顔を炭で焼いたのでした。

数十年にわたり瞑想を続けた千代能は、ある満月の夜、井戸の水を汲み、二つの桶を竹ざおに吊るし肩に担いで運んでいました。突然竹が折れて桶が落ち、水が勢いよく流れ出ました。その瞬間の、突然の予期していなかったショックで、千代能は光明を得たのです。

この話を聞いて、私は感動しました。未知のものでありながらも馴染み深い何かが、私のハートの中で目覚めました。気がつくと、私の頬は涙で濡れていました。悲しくもないのに涙が出るという経験はこれが初めてでした。

講話が終わったOSHOは自分の部屋に戻る途中で、近くにいた私と目が合い、お互いににっこりと笑いました。それはとても素敵なフィーリングだったので、「この人は信用できるわ」と思ったのです。私にはなぜかOSHOが親戚のおじさんのように見えたのです。


その後《のち》、再びOSHOと会う機会がやってきました。それは、彼と数人が対話をするというダルシャンと呼ばれる会でのことで、OSHOは家の裏のテラスに置かれた椅子に座り、私たちは彼を囲んで床に座ります。後ろの庭からは、カエルやコオロギの鳴き声が聞こえます。床には蛙が一匹、私のすぐ横に座っていて、一休禅師のような聖者に惹き付けられてやって来る動物たちの話を思い出しました。対話はひとりずつが彼と話し、交代するという風に進められ、私の順番がやって来ます。

私の順番が来ると、OSHOは私を呼んで、自分の前で座るように言い、「あなたにプレゼントがあるよ」と言いました。私は「やったわ！」と思いました。

彼はにっこり笑って、「遠慮しないで、もっと近くに来なさい」と言います。

私は脚を蓮華座に組んだまま、さらに近寄り、ひざがOSHOの足に触れるかどうかというところまで来ました。

「目を閉じなさい」と言われ、私は目を閉じました。

彼は木のビーズでできたマラと呼ばれるネックレスを私の首にかけました。ネックレスには彼の写真が入っているロケットがぶら下がっています。それから彼は、私の額に軽く触れました。

「グッド。戻ってきなさい」とOSHOは言いました。

私は目を開け、彼はこちらに身を乗り出して何かを書いた紙を渡しました。紙には何かを書いた上で、自分の名前をサインし、日付も入れていました。

「これがあなたの新しい名前だよ」と説明します。

「マ・アナンド・ミラ」

「マとは、〝母〟を意味し、アナンドは、〝至福〟、ミラの意味は……」と言って、指を私に向けて楽しそうに振り、一瞬言葉を切ります。

「これは言わないでおこう。みんな知っているはずだから。聞いてごらん。本屋に行って自分で調べてもいい」

それから次はゴヴィンドの番でした。前に行き、〝スワミ・アナンド・ゴビンド〟という名前を受け取りました。後から分かったことですが、OSHOのサニヤシンの間では、男性の弟子はみな〝スワミ〟、女性の弟子はみな「マ」と呼ばれていました。ふたりともが受けとった「アナンド」という最初の部分は、たくさんの人がもらっていた名前でした。

ちなみに〝ゴヴィンド〟は〝牛飼い(cowherd)〟という意味で、インドではとても尊敬されている名前だとOSHOが説明してくれました。そういえば、インド人のサニヤシンたちがよく歌っていた礼拝の歌の中でも使われていました。しかし、私は英語がそれほど得意ではなかったので、O

SHOの言葉が「牛飼い（cow herd）〟ではなく、〝牛頭（cow head）〟と聞こえました。

牛の顔がゴヴィンドに乗っかっているイメージが私の頭を一瞬よぎり、私は思わず大声で笑ってしまいました。OSHOはびっくりしたように私を見ましたが、「私が何かおかしなことを言ったのかな？」とでも言うように、目を大きくして、楽しんでいるように見えました。

その瞬間は、素晴らしいものでした。私がはげしく笑い出したのに、彼は少しも乱されず、ただ好奇心だけでこちらを見たからです。そしてこれは、それ以来何年もの間、私たちが出会うときの典型的なスタイルになりました。そこには、いっぱいの笑いと遊びの気分があふれ、彼と会うのはいつでも楽しい時間でした。

次の日、私はみんなに自分の名前について尋ねました。それで〝ミラ〟が有名なインドの神秘家であること知ったのです。五百年ほど前に存在したクリシュナの献身的信者でした。前にも話しましたが、ミラはクリシュナに対する愛からエクスタシーにあふれていて、街の通りで歌ったり、踊ったりしました。しかしこれが、夫やその家族の激怒をかいました。彼女の歌と献身的な詩は、今でも国中で歌われていますが、うわさによるとイスラム教徒であった偉大な皇帝アクバルが変装して彼女の寺院に入り、彼女のダンスを見たそうです。

それから数日の間に、私はアシュラムで毎日行われていたダイナミック瞑想をやり始めました。しかし、これらの瞑想を十分体験するだけの時間がありませんでした。OSHOに会ってからすぐにインド旅行のためにアシュラムを離れたからです。

ゴヴィンドと一緒だったので、私はコナーク、プーリ、カジュラホ、カシなど、インドで最高の建築や寺院を巡ることになりました。ゴヴィンドはこういったすべてに情熱的に興味をもっていて、写真を撮り、ノートも取りました。このころまでには、私はゴヴィンドに恋をしていて、彼のこの不思議な国に対する情熱をとおして、この国にも恋するようになっていました。

プネーにいるときは、ＯＳＨＯがインドについて、地理的に特定の場所といったもの以上であると語るのを聞きました。インドは内なる世界を表していて、隠されたもの、神秘的なものの探求を表しているのだと。そしてそれこそインドの本当の意味だというのです。

だから、インドは人類全体のものであるということでした。それが私にとっても、インドの重要な意味となりました。内側にあって今まで見過ごされていたり、忘れられていた自然で全体的なスペースを思い出す助けをしてくれたのです。

私は街のバザールや喧騒につつまれた地域、田舎の音やにおい、特に暗さと明るさのコントラストに魅了されました。というのも古い店の内側は、壁が青色に塗られていて、それがドラマティックな効果を生み出し、影の中を動いている茶色い人々でいっぱいの窓がない暗い部屋と、外の輝くばかりの太陽の光がコントラストをなしていたからです。

この光景が私に触れ、自分の内側の深い場所をくすぐり、少なくとも視覚的な点からいって、自分がなぜ画家になったのかを思い出させてくれました。

このころの私は、ヒンドゥー民族の聖なる河、ガンジス川で沐浴し、祈りをささげる人々、特に女性をスケッチするのが大好きでした。女性たちは優美に身体を動かしながら、河の深いところへと入っていきます。サリーを着たままで、合掌し、祈りの言葉をつぶやきながら身体を完全に水に浸すと、女性たちはこちらを向き、戻ってきました。サリーは身体にまとわりつき、彼女たちの身体の線の美しさを見ることができました。それはエロティックで、美的で、しかも祈りの姿でした。

インドへの最初の旅の間、絵を描くことに対して今までとは違ったイメージを持ち始めました。感情や知性とのつながりが前より薄くなり、人間が持つ宗教的渇望へのつながりが深くなりました。ちなみに、ここでの宗教というのは、形式的な儀式や組織的教会ではなく、本当の意味での信仰のことです。

人間のハートが魂において高みへと上ることを目の当たりにして、特に水の中にいる女性たちを線描や絵の具で描くことを通して、この質を捕らえるというチャレンジに惹き付けられました。

もうひとつ私を魅惑したのは、沐浴を捧げる女性たちによる、川面のさざ波などの幾何学模様でした。水や木、花といった自然が持つ幾何学的な模様に惹かれ、そのパターンを探しました。例えば花びらが育つときの均整には、驚くしかありません。私にとって、ほとんど科学的な探究といえるものでした。より深く、核心へ、本質へと目を向けるように誘われているようでした。後になって、私が自然を描くときには、写真のように模写することへの興味はなくなり、その代わりに、自然が隠し持つメッセージを表現しようとするようになりました。インドへのマジカルな旅は、私の絵に新しい次元をもたらしてくれたのです。

その後、ゴヴィンドは日本へと戻らなければならず、私はふたたびスペインのトレドへ戻りました。そのとき、私はOSHOのサニヤシンと同じ明るいオレンジ色のローブを身に着け、彼の写真入りのネックレスを首に掛けていました。もちろんこの格好は、インドで宗教表現のひとつとして受け入れられていますが、ヨーロッパではそうは思われません。当然のごとく、町中の人が私をからかいました。サニヤシンの中にはローブでなく、同じ色のシャツやズボンで西洋のスタイルに合わせる人もいましたが、私はインドで着ていたのと同じ衣服を着続けました。

長年のボーイ・フレンドだったアロルドとの間にも軋轢《あつれき》が生まれます。私がインドで他の男性に恋をしたからではなく、サニヤシンになったことが彼を苛立たせ、「私かOSHOかどちらかを選びなさい」とも言われました。ですが、そのとき自分に何が起こったのかについて、彼に語る言葉を持ちませんでした。なぜならそれは理屈というよりも恋愛のようなものに近く、合理的に説明することができませんでした。しかし、私は美術に対する情熱よりも、深く重要な何かを発見したと感じていました。

後になってから、このことを的確に説明できるようになりました。十五世紀から十六世紀にかけて、フィレンツェを発祥に、文化とクリエイティビティに関するルネサンスがヨーロッパ中で起こりました。裕福な商人や銀行家たちの支援で、芸術と建築が心躍る新しい方向へと発展しました。ルネサンスはギリシャと古代ローマの価値観の再発見と復興に根付いていましたが、それだけでなく、人間は進歩して成長できるという、斬新なビジョンを提供したのでした。サンドロ・ボッティチェリなどから始まり、レオナルド・ダ・ヴィンチ、ミケランジェロ、ティチアーノ、ラファエルによってルネサンスは頂点へと至ります。彼らは正確で解剖学的な描写と、人間感情の表現を導入しました。言い換えると、彼らは既存の様式に背を向け、はじめて人間を〝生きているように〟描いたのです。

ルネサンスと同時期に、インドでもクリエイティビティが開花します。しかし、その方向はヨーロッパのそれとはまったく異なるものでした。ゴータマ・ブッダの時代以来、インドでは光明を得た神秘家たちを輩出してきましたが、この時期は最も偉大な神秘家たちを多く生み出しました。

両者の違いはとてもシンプルです。ヨーロッパではクリエイティビティのエネルギーが外側へ、つまり芸術表現へと動きました。インドでは、同じエネルギーが内側へ、人間意識の開花へと動きました。内と外……その方向性の違いがあったのです。

もちろん芸術か光明のいずれしか得ることはできない、というわけではありません。ＯＳＨＯがサニヤシンに語った言葉に次のようなものがあります。

「健康な人間は両方の世界の最善のものを、内側と外側ともに楽しむことができる」

しかし、人類は歴史の中でスピリチュアルなものと物質的なものに分け、お互いを対立するものとしてしまったのです。十五世紀までに物質界は幻想で、放棄すべきものと教えたアーディ・シャンカラのような人たちの教えを信奉することで、インドは内側を選び、外側を捨てました。そしてヨーロッパは、内側を捨てて、外側を選ぶことで、現代へと続く物質主義が生まれます。ルネ・デカルトの「我思う、ゆえに我あり」という言葉は、思考プロセスとマインドが人間としてのあり方の基盤であると宣言し、科学的な探究に人間らしさを見いだします。カール・マルクスは魂は存在せず、意識は物質の副産物にすぎないとする論理を推し進めました。

ＯＳＨＯは、私にとってグルというよりも、インスピレーションでした。私は彼の中に自分自身の可能性を見つけます。それは偉大な画家の絵を見て、クリエイティビティの源泉を発見し、表現することへの切望を感じるようなものです。

ですから、私は「ＯＳＨＯを捨てよ」というアロルドの通告を受け入れることはできませんでした。ですから、未練に胸を衝かれ涙を流しながらも、アロルドが去っていくのを見ているしかありませんでした。

その後も私はトレドには残り、画家として仕事をしながら、小さな瞑想センターを開き、そこでアクティブな瞑想を他の人々にも提供しました。そして熱心な瞑想者の小さなグループができ、一緒に時間を過ごすようになりました。

この時期、私は三つの国を行き来していました。主にはスペインに住み、時間ができればインドを訪れ、プネーに数ヶ月滞在し、家族に会うために日本にも戻りました。絵画に対する私のアプローチはゆっくりと、深遠な変化を遂げました。それについては、グループ・ルームに戻り、ここではインストラクターのトレーニング・プロセスを取り上げて説明するのが一番分かりやすいと思います。


インストラクターのトレーニングは、毎年プネーでペインティング・コースと平行して行います。今年は研修生が五人いて、毎朝一般のコースが始まる前に、三十分間のミーティングを行い、そこで前日の出来事を振り返り、グループで持ち上がった課題や疑問点を話し合います。

一般コースが休みのとある朝、研修生たちに水彩絵の具のセットを手渡し、部屋のどこでも良いから場所を探して、絵を描くように招きました。

私は「自然を描きましょう」とは言わなかったのですが、彼らのほとんどが、全員が窓に面して座っていました。部屋は二階にあり、窓からは木や竹の葉や枝が海のように広がっていて、本当に美しい眺めです。彼らの意識は外の風景へ向かっているようです。自然の美しさを捕らえようと、紙の上に再現しようとし、意識が外に向いているのです。

一時間ほど経ち、全員が良いスタートが切れたところを見計らい、集まってお互いの作品を見てもらい、私はこう言います。

「みんな美しい絵を描いていますが、ここ数日のトレーニング経験を忘れてしまったようですね。みなさんに共通している問題は、素敵な木々が描かれていますが、描いた本人が感じられないということ。このように外側の美に囚われてしまい、すぐに内側のことを忘れてしまうのです。だからこそ、なぜ絵を描くのか、その本当の目的を、常に自分に問い続ける必要があるのです。写真のように何かを描写しようとすると大事なものが失われます。そうではなく、自分の内側深く入っていきましょう。あなたの深みには、多くの層があり、形はありません。目を閉じれば、形も色もすべて消え去ります。このコースを通して、あなたが目指しているのは、内側にある美のエッセンスを発見することなのです」


私が人々に絵を教える経験を通して、何度も目にしてきたことは、人間の心が何らかの感情や態度に囚われたり、ひとつのアプローチに執着する傾向があることです。

また、画家が何かに囚われてしまうのは何も美だけに限ったことではありません。前にもお話ししましたが、画家としての私が固執していたのは苦しみを芸術的に表現することでした。私は画家オノレ・ドーミエの信奉者でした。ドーミエは十九世紀にパリで活躍した画家で、貧しく、虐げられている人々にフォーカスした作品を残しました。「三等客車」や「洗濯女」などは、貧者たちの日常をシンプルかつ正実に描くことで、〝人の苦しみ〟という普遍的な質を捉えています。かつての私は「これこそ美術のあるべき姿だ！」と考えたものです。
しかし、それはただ自分のビジョンを狭めるものに過ぎませんでした。このことからも、私たちは世界を見たとき、ある一定の見方に捕らわれ、何かを重視し過ぎる傾向があることが分かります。私の自分の視野の狭さを払拭してくれたのが、ＯＳＨＯとの出会いでした。ただし、それは瞑想がマインドを超える方法であることよりも、内側を探求すること自体に〝遊び心〟を発見できたのが大きかったのです。

プネーを訪れるようになったころ、クリエイティビティについて、ＯＳＨＯに尋ねた人がいました。その人は、アシュラムの掃除担当で、クリエイティブなことに使う時間が少しもないと言いました。それに対してＯＳＨＯはこう言います。

「クリエイティビティは仕事の種類とは関係がないし、クリエイティビティとは、人の意識がその仕事をどう捉えるかということだ。例えば、絵を描くことは床掃除と同じくらい普通のことだ。絵なら、キャンバスに絵の具をまき散らすが、あなたは床を拭き、綺麗にしている。そのどこに違いがあるのかね？　たとえばあなたが友達と話していたとしよう。しかし、それを時間の無駄だと思い、素晴らしい本を書くことに時間を割いたほうがクリエイティブでいられると思う。だが、友達はもうあなたのもとに来ている。ちょっとした世間話というのは素敵なものだ。だから、いつでもクリエイティブでありなさい。偉大な書物もただの世間話にすぎない。それは、作者がクリエイティブであったということだ。例えばあなたが床を掃除するとき、そこに愛があれば、あなたは目に見えない絵を描いたのだ」

この答えを聞いて感銘を受け、私は画家として肩の荷が下り、美術を違った目で見ることができるようになりました。だって、絵の具をまき散らしても、床に水をまき散らしても、そのどちらを選んでもいいし、同じくらいクリエイティブだというのですから。このような見地は、芸術と日常の区別をなくし、人間の行為はすべてが同じように意義深いことを教えてくれます。ある意味、このひと言は画家としての私のエゴにとってはきびしい一撃でしたが、大きな解放感をもたらしてくれました。私のハートに真実として響いたこの言葉を忘れることはないでしょう。


これが、画家としての私の変容の第一歩であり、現在私が行っているトレーニングの基礎となりました。先ほども言いましたが、瞑想で自分の内側に入る術を発見しただけでなく、遊び心と楽観的な気持ちが、この探求の助けとなるのに加え、〝芸術＝アート〟という外側の表現においても非常に役立つということを、理解しはじめたのです。

私が思う、ＯＳＨＯの瞑想に対する天才的な面を指摘させていただくなら、瞑想と遊び心を組み合わせたことです。考えてもみてください。人間が元来持っている陽気な遊び心は、社会のなかで有意義なものと見なされることは、ほとんどありません。それは〝まじめな〟画家にとっても同様です。遊び心は子供だけのものになっています。

なぜでしょう？　それは遊び心を基にすると、人に感銘を与える社会的なパーソナリティを築くことができないと思われているからです。しかし、本当はそれこそ遊び心の価値なのです。スピリチュアルな道において、自分の内側に深く入るのを妨げるのは〝エゴ〟で、その執着が私たちを表面的なレベルに引き止めようとします。これまで苦労して手に入れた肩書きという社会的な身分と、それに基づいた自己のイメージ……つまりは自分のアイデンティティを手放したくないのです。

その一方で、遊び心とユーモアのある性質は、社会的な地位などにこだわる気持ちを緩めてくれます。そして遊び心はクリエイティビティに関しても、同じように働きます。特定のスタイルや価値観、ビジョンに閉じ込められなくなります。持っているものを手放し、新しい可能性を探求し、未知のものに自分を開くことができます。

もちろん、遊び心だけでは、ただ子供っぽいということになりかねません。ですから遊び心に深みを生み出すために、瞑想が必要なのです。このふたつが一緒になることで、ハートの中に炎が点火され、自分をクリエイティビティの源泉につなげてくれる可能性が生まれます。そうなると、どんなテクニックでも、内側のコアにある表現に使えます。その逆は決してありません。

クリエイティブなコアにつながろうとすることが、画家にとってとても重要な試みです。そして、これを行うひとつの方法が……自画像の描き方を学ぶことです。なぜなら、自画像を描くためには、自身の存在を深く見つめざるを得ないからです。というわけで、このことは次の章で触れていきたいと思います。

第7章

自画像

現代美術において、私が特に敬意を表したいのが、ポール・セザンヌです。彼は一八三九年に南フランスのエクス・アン・プロバンスで生まれました。のちに彼はパリに出て、仲間の印象派の画家たちと展覧会を開きますが、数年も経たないうちに孤独な道を進み始めます。セザンヌは自然界を構成するすべての要素は、円柱、円錐、球体などの基本形態に還元できることを発見します。構造に関心を持った彼は、形態を表現するのみならず、領域ごとに色を分けそれをモザイク状に組み立てることで、全体として統合された絵画を目指しました。私が思うに、彼が目指したのは、自然を正確にキャンバス上に反映することでした。

これは前章でお話した、水に広がる波紋に私が感じた魅力と、どこかで共通すると思うのです。私の場合も自然の基本パターンを探し、そこから自然に近づける喜びを知りました。画家としては、このように基本のパターンを見つけると、そこに選択肢が生まれ、自然をより深く再現することもできます。あるいは、このパターンを自然の文脈から抽出し、パターンそのものから芸術形態を生み出すこともできます。

ではこれらの要素を踏まえつつ、グループルームに戻ることにしましょう。

トレーニングは、ほぼ半分が終了したところです。今日からは前章の最後に触れた「自画像」に取り組んでいきます。まず自画像を描くためにはケント紙を使い、水彩画と同じように紙を濡らします。参加者にはガッシュやテンペラといった絵の具を混ぜ合わせ、濃い灰色を作ってもらいます。「黒と白だけを混ぜ合わせるとセメントっぽい感じになります。これだと面白みに欠けるので、ペルシャン・ブルーか赤をほんの少し混ぜてみましょう。青はクールに、赤は暖かい灰色になります。自分の感覚に従って絵の具を混ぜてください」

灰色の良いところは中間調として、闇と光のどちら側へも進むことができる点です。灰色は水でのばせば白に戻るほか、眼球などの暗い色が欲しいときは濃い灰色を使えます。特に私たちのトレーニングではコントラストを重要視し、レッスンの中でも黒と白を何度も使ってきたので、灰色の重要性はなおさらです。

絵を描くときは、一人ひとりに自分のスペースと鏡が用意され、クッションに座って足を組むか、ひざを乗せて座り、ボードは膝に置いて、鏡に向かいます。床に置くことが絵を描くときの私の基本姿勢でしたが、自画像の場合は床に紙を置くと、鏡を見てから床に目を落とすことになるので、そのあいだに見たものを忘れたり、マインドが入り込む隙を与えてしまいます。その点、膝にボードを置くと鏡と紙を同時に見ることができます。

全員が紙を膝に置いて座ったら、まず目を閉じて紙の表面を指で触るように誘います。前にも説明しましたが、これによって運動感覚やフィーリングにつながることが出来、子供らしい無邪気な状態に入りやすくなります。数分後に目を閉じたまま、今度は自分の顔を同じように触れてもらいます。

「眼窩や鼻の突き出しを指で感じたら、次に口の周りを指でなぞってみて、それから顎も……目を閉じたまま探求しましょう。その際、自分の顔をはじめて触っているのだと想像してみましょう。後頭部から前頭部、頭蓋骨の形も感じ、耳の回りも感じます」

このアプローチはこれからどうしたらいいのかという恐怖を取り去ってくれます。なぜなら部屋にいるほとんどの人が、新しいテーマが自画像と聞いて、そのハードルの高さに緊張してしまうから、なおさらこの導入が大切なのです。最後に頭全体を両手で包むようにいざないます。

「頭全体に触れて手に収めて、その形からあなたはどんな人だと思いますか？　卵？　ジャガイモ？　それとも、リンゴ？」

グループのみんなに笑ってもらうことで緊張をほぐし、これからのレッスンの土台固めをします。そうしたら、頭の基本的な構造と形から自画像を描き始めてもらいます。章の始めに述べたセザンヌを思い出してください。彼は本質的でない要素を徹底的に排除し、基本形態に絞り込むというインスピレーションを与えてくれます。彼は、三角錐、球体、円柱に興味を持っていましたが、先ほど私はこれを卵、ジャガイモ……と活用しました。シンプルですが、自分が描く対象の本質的印象をしっかり捉えるために、この方法はとても役立ちます。この段階で自分の頭全体の立体的な形を理解できると、自画像における最初の障害を乗り越えたことになります。なぜなら目、鼻、耳といったそれ以外のパーツは、単なるデコレーションに過ぎないからです。

「準備ができたら目を開けましょう。筆を取ったらもう一度目を閉じて、空いている手で顔に触れます。その輪郭を感じて、絵筆を宙に浮かせたまま、紙の上を動かしてみてください。片手で感じているものを、そのまま紙の上に表します。この感覚を保ちながら描けますか？　もし、感覚が無くなったら、筆を置き、再び目を閉じて両手で顔を包み、この感覚を何度でも思い出します」

みんなは目を閉じたまま、やさしく顔に触れて、繊細に筆を動かしています。しばらくこの方法で絵を描くことを試してもらったあとで目を開け、自分の前にある鏡を覗いてもらい、こうガイドします。

「目を開けたとき、鏡の中にいる人があなたを見て、そしてあなたは鏡の中にいる人を見ています」

これは、描いた絵の前に立って、絵が自分に話しかけるよう感じてもらったエクササイズと似ています。これは、自分を判断する態度を和らげる効果的な方法なのです。そうしないと、人は鏡を見るとすぐに、ありとあらゆる意見を自分へ投げかけます。鼻が嫌いだとか、唇が薄すぎる……などと、自らに困難をふりかけ始めるのです。

「鏡の中の人が自分と違う人だと考えると、より正確に観察できます。ですからここでは、あなたではなく、鏡の中の人物を描いていると心に留めて、描き続けてください」

参加者の様子を見回ると、いくつか問題が起こっているようです。顔を含めた頭だけを紙全体を使って、実物より大きく描くように指示したのですが、顔を小さく描き始めた人がたくさんいます。それをみんなに指摘したことでこう話しかけます。

「なぜだかは分かりませんが、小さめに描いてしまうのはどんなグループでも共通する傾向です。ひょっとして、これは自分に対する思い込みを示唆しているのかもしれません。自分は存在してはいけないとか、そんなに堂々と自分を押し出さなくてもいい、といったようにね。でも、この紙に描くのは自分の顔だけなのですから、もっと大胆になって。紙全体を使い、今の倍くらいの大きさに描きましょう」

もうひとつの問題は、早々と頭の形を描き終わって、目や鼻や耳の線を描き始めてしまうことです。ここでもマイクを通しての説明が必要になります。

「十分もすると先に進めなくなってしまう人は、線を描いたあとで、それ以上何をしたら良いか分からないからです。そうなって困っている人は、影を付けてください。ここで気を付けて欲しいのは、頭の中にある〝どう描くべきか〟という考えを囚われてしまうこと。このセッションの目的は、触れて、彫刻することです。真っ暗な中で絵を描いたときを思い出して……そのときは出来たでしょう？　手が感じとることを許し、それを信頼したはずです。あの官能的な感覚を思い出して。そしてなぜ、今それを失ってしまったのかをよく考えてみてください」

こうするとみんなの手が少しだけ楽に動くようになりますが、簡単に自分とのつながりを失っている様も見て取れます。絵筆が紙に触れるときのエネルギーに任せて大胆に描けず、恐る恐る描いている……といった感じです。それはまるで失敗したくないという迷いの気持ちを表現しているかのようです。

「そうではないのです」と、私は参加者のひとりに優しく言います。ある人は、線だけを描いて、次にどうして良いか分からず、止まっていました。

「リラックスして、スポンジに絵の具をつけましょう。それから、左手で頭や顔に触れて、目を閉じて、右手を使って、紙の上でスポンジを動かします。左手が感じたことを右手が表現することに身を任せてみて」

すぐさま、アドバイスをしている男性はこう抵抗します。

「そんなことをしたら、顔じゃなくなってしまいます」

私は微笑んで、安心するように彼の肩に回した手に力を入れます。

「それの何が怖いの？　目を閉じて内側を見たら、顔という認識なんてないはず。さあ、思い切って！」

彼は笑いながらも私の提案に従います。でも、片目をうっすらと開けて紙を見ています。このように小さな問題はあるものの、セッション全体は良い具合に進んでいます。みんなにアドバイスをすることで、基本的な誤りを乗り越え、何をしても良い結果が出るのだという信頼が生まれてきています。


この自画像のトレーニングでは頭部しか描きませんが、この部位をどう描くかによって身体全体の印象が伝わってきます。繊細な画家たちはみな、対象の背後にある目に見えないものも描いているのです。例えば、前から自身を見た自画像では、後頭部は見えません。それでも、どこかに後頭部を感じられることが必要です。そこで私は、セッションの導入の締めくくりとして、頭部の外側の空間も含めて、紙全体を灰色でカバーしてくださいと、提案します。

「鏡を見ると、顔と周りの空間は分かれていないことが分かります。それを意識して全体を見渡すと、一番明るく描くべきは目でしょうね。目の輝きを際立たせるには、周りの空間を目と比べて暗くしなければなりません。そうしないと、別の明るい部分が全体を乗っ取ってしまいます」

みんなは私が言っていることをすぐに理解します。参加者はすでに自然を描くトレーニングにおいて、木々のあいだにある空間を、同じ理解のもとに描いた経験があるからです。たとえば、木を描くときに、後ろや周りの空間を描くことで、木が自然に姿を現すのと同じなのです。

白い紙を灰色に塗り替えていく姿は、参加者によって実にさまざまです。熱中している人もいれば、ためらっている人もいます。私は彼らが余計な心配をしないよう、こう言います。

「もし紙が一面灰色になってしまっても、最初に顔を描いた線の痕跡が残って見えるでしょ？この段階では、それがあればOKです。紙の表面を絵筆やスポンジで何度も擦りながら〝実体〟のようなものが浮き出てきます。それに、今はこれを絵だと思わずに、粘土だと思ってみてください。粘土をこねる彫刻家になったつもりで、今は基本的な形をつかんだところです。この段階で細部を意識する必要はありません」

自画像トレーニングの導入が終わったところで、参加者に新たな日課が加わります。これからは、毎朝グループ・ワークが始まる前の一時間半ほど前にクリシュナ・ルーフで自画像を制作します。それにも関わらず、参加者たちは朝早く起きて時間通りに来ることを誰もいやがりませんでした。私同様、みんながこのトレーニングから吸収できるものは、何でも吸収しようとしていたのです。

自画像を描くためには、たくさんの技法が必要です。まずは寸法の取り方があります。これは筆柄の先端を親指で持ち、測りたい対象に筆柄の先端が来るようにし、次に親指を先端からずらしていき、対象の長さのところで止めて目印にします。こうして、眉毛の長さや耳の寸法を取ります。

そうすることで紙の上でも同じ割合が測れます。そして、もうひとつ大切なのは目の位置です。

「実際の目の位置に比べて、ずっと頭の上のほうに目を描いてしまうのは、よくある間違いです。今、目の位置を感じてみましょう。顎と頭頂部の位置関係を調べるとびっくりしますよ。頭部のおよそ半分くらいの位置に目があるのです。それに目は飾りではなく、目が収まる眼窩《がんか》は、頭蓋骨の基本となる部位です」

ある朝、私はみんな、以前に描いた白黒の風景画を持ってくるように言います。みんなはしぶしぶといった感じでこのリクエストに応じました。なぜなら彼らにとってもこの絵は、ずいぶん遠くに置き去られていたものだからです。風景画も、最初に描いたペインティングよりも、今の色彩豊かな絵の世界のほうがずっと魅力的に感じるものですが、それでもなお、その絵には学ぶべき事柄が残っているのです。

「今描いている自画像は、この白黒の風景画とつながる部分があります。ここでは目や鼻、口といった顔の造りをいったん忘れ、それらをすべて光と影に変換しましょう。顔に光が当たると、影とハイライトが出来ますが、その理由は構造にあります。構造を知るのは画家として不可欠な技術、実際に目にしたものを描く力が養われます。それは、見ていると思い込んでいるものでも、見ていると教えられてきたものでもありません。特に絵を描きはじめて間もないころは、既成概念や記憶から描いてしまいがちです。大事なのは、過去を消してこの瞬間を信頼すること。ですから、本当に見えたものだけを描くのは瞑想といえます。実際に目にするのは光と影です。こうすることで、自然でも自画像でも、なんでも描けるようになります。これは、私だけが教えていることではなく、絵画の基本的な教えです」

参加者たちの顔を見ていると、私が伝えたいことを理解しかねている様子でした。そんなとき、たまたま美しい日本女性、ハリマの姿が目に入ります。彼女は私が話しているあいだ、自分の絵を一生懸命探していて、今しがたそれを見つけ出したところでした。その瞬間、偶然にも彼女の顔に、私がみんなに伝えたかったインスピレーションが存在したのです。

「ハリマ、動かないで、その場所で立っていて。みなさん彼女の顔を見てください。朝の光が左の頬には強く、右頬にはそれより弱く光が当たっています。これが光と影のシンフォニーです。ハリマの顔全体にコントラストが生まれ、それが顔の構造全体を明らかにしています」

これを見た全員が、話の核心をつかむことができました。理屈やテクニックの談義から一瞬にして、自然とアートが一緒になるミステリーを経験できたのです。

「自画像を通して自分のことを新しい目で、もっと深く知ることになります。描き進めるうちに、自分についてのさまざまな感情や考えが浮かび上がってくると思いますが、それを押さえつけたり、はねつけたりせずに、それらがあるがままに存在させてください。それと同時に、光と影の戯れとして自分の顔を見るという、本質的な目的に意識を戻し続けます。つまり、私がみなさんに求めているのは、自分を自分として見ないことです。これを探求すると、今まで知らなかったような姿としての自己を発見することになるでしょう。あなたは新たな自分と出会い、受け入れ、迎え入れます。そして、絵画においてもっとも難しいことを学ぶでしょう」

自画像を通じてのワークでようやくこのトレーニング全体の本質に辿り着きます。リゾートのプログラムにも書いてありますが、私は人々に自分のクリエイティビティを発見する方法を紹介しています。しかし、人は自分を発見することなくして、クリエイティビティを発見することはできません。表面的なアイデンティティを一皮一皮むいていき、自己の深淵をつらぬくことによってのみ、それは可能になるのです。自己とクリエイティビティの発見は、トレーニングの中で常に相伴っています。そして自画像のワークは特に、このふたつを切り離すことができません。

さて、ここでまた本題から脱線することをお許しいただき、私の妹、妙子のことをお話ししたいと思います。妹の話は、自画像と直接の関係はないように見えますが、実は私が自画像のレッスンでみなさん伝えたい大切なポイントとつながっているのです。なぜなら、自画像を描くというのは、深いアイデンティティを求める旅のひとつですが、そのうえでも妙子は私をこの上なく助けてくれました。だからこそ今、彼女との記憶が強く浮かんできたのです。彼女は私の画家としての自己イメージ、絵画へのアプローチを変えるため扉を開いてくれました。

妙子は年下であるだけでなく、性格も私と正反対でした。姉の私は反逆児で、頭に浮かんだことはすべて臆さずに口に出し、世界中をヒッピーのように彷徨っていました。一方、妙子はデリケートで、身の回りにエレガントなものを置くことを好み、豊かさに惹かれていました。このようにキャラクターもまったく異なる姉妹でしたが、妙子は私のこと、そして私の絵も大好きでした。私がアメリカで貧しい暮らしをしていたころ、それを知った妙子は私を日本に呼び寄せ、群馬県で展覧会を開いてくれました。しかも妙子は自分の友達たちを展覧会に招待し、その結果として多くの作品が売れて大成功となりました。

私は心から感動し、当時の自分が持っていた思い込みも吹き飛びました。当時私が暮らしていたアメリカでは私の作品は認められず、その結果貧しい暮らしをしていたのだと思っていました。ところが日本だとは価値ある絵画として認められたのです。

展覧会の準備をしているとき、妙子は私が仕舞い込んでいた絵の箱を見つけ「これも展示したら?」と言うのですが、私が首を横に振ると、妙子はこう訴えます。

「売らなくてもいいから展示して。こんなに美しい絵なんですもの。たくさんの人に見てほしいわ」

このときはじめて、妙子は姉妹の愛情のためだけでなく、私の絵を愛していたから、助けてくれたのだと理解しました。

私が日本にいるとき、妙子はいつも桜を描いてほしいと言いました。しかし、私はなぜかその頼みに応えることができませんでした。現代美術家である私が桜の絵を描くなんて品位に関わると思っていたのです。なぜなら芸術家のエゴは、複雑さや困難さといった挑戦を欲しがります。でも、美を美と認識することはとてもシンプルで、自然の美しさはそのまま存在し、解き明かすものなどないからです。

現代美術がなぜつまらないものになってしまったのか。私の考えではその問題のほとんどがここの考えに由来すると思います。多くの人々がピカソやカンディンスキー、ジャクソン・ポロックに親しみ、現代美術が型にはまったものに見えるようになり、新しい世代の現代美術家は大衆にショックを与えることで、いまだに自分たちが進歩しているのだと言い聞かせているようです。

現代美術は、大衆のネガティブなリアクションが評価の基準になります。つまり一般の人たちが嫌ったり、理解できなかったりすると、その作品は美術品ということになるのです。ということは、現代芸術家たちも結局は大衆を頼って、成果や自己価値を感じているのです。そのころの私は、すでにゴヴィンドとのインドでの経験があったにも関わらず、まだ苦しみや葛藤を描くほうに惹かれ、美しいものはそのままで十分であり、そこに作者名など必要ないと思っていたのです。

しかし、ひとつだけ例外の出来事が起こりました。妙子に長男の剛人（たけと）が生まれ、彼が眠っているときの顔の美しさに感銘を受け、剛人の姿を描き続けました。これが私にとって美しいものをただ美しく描く絵画への第一歩でした。

妙子は第三子を産んだのちにガンを発症し、すぐにそれが深刻なものであることが分かります。

何度も手術を受けましたが快方せず、じきに私は、妙子の命が長くないことを知りました。私は自分の計画をすべて白紙にして、彼女の横にいました。ガンについてできる限り調べ、この致命的な病を抑えようと、絶望の中でもがいていました。

ある日の夕方、桜を見るために、妙子の娘の慶子を背中におぶって家の裏山に上がりました。山のふもとが見渡すかぎり桜の木で覆われ、夕日が横から枝々に当たり、桜の花が半透明に見えました。慶子はその小さな指で、光り輝く桜を指差します。彼女の無垢な目が、これまで無視してきた美を目にする手助けをしてくれました。

家に戻り、私は絵筆を手に取ると、すべての愛を注ぎこんで桜を描きはじめると、奇跡が起こりました。この瞬間まで表現しなかった美が、苦闘することもなく、自然と私の内側から紙の上へと注がれはじめたのです。絵筆の先には花々が踊る姿が現れます。まるで、私のハートからついに飛び出ることを許され、自分自身の姿に大喜びしているかのようでした。

それはあまりに自然な出来事だったので、私のこれまでの画家としてのキャリアとは、何の関係もないところから生まれた作品のようでした。活力に満ち、繊細な色と光で表現されたその絵を見て、私には美を見る力と、それを絵画として再現する才能があることに気づきました。

描き進めるにつれて、この絵が単に自然の美を再現したものではなく、桜の花と交じり合うように神秘的な性質を感じます。それは花々が私に感謝しているようなものでした。このとき私は自然も見る人を必要としていて、その色や形を称える人を必要としていることに気がつきます。

後に、これが私の行っているトレーニングの重要な要素のひとつとなりました。自然と交わる感覚を発達させるよう、人々を誘い、励ますこと。その結果、人と自然は〝両方通行〟であると感じられるように導くこと。人々が自然を描きたいだけではありません。自然もまた描いてほしいのです。自然はその神秘を、共感的に、サイケデリックに、人々の目に見えるものにしてほしいと願っているのです。

妙子は、私が描いた桜の絵を見てとても喜んでくれました。そのとき、彼女は私が気づいていなかった自然と心を通わせられる能力をずっと昔から知っていたのだと感じました。なんと不思議なことでしょう。今にも逝こうとしている妹のために、これまで断っていた簡単な頼みを聞いただけなのに、逆に私のほうが人生で最大の贈り物をもらっていたことに気が付いたのです。

もうひとつ、妙子と過ごした最期の数日間の話をさせてください。その頃私は、妙子が瞑想を始め、意識的に死と向き合ってほしいと望んでいたのですが、彼女は興味を示さず、死を受け入れませんでした。ガンが進行するにつれ、痛みが激しくなり、最期が近づくと妙子は昏睡状態になることが増えました。ところが、最後の数日になると、妙子の顔に微笑みが浮かんできたのです。それはゆっくりと大きくなり、ついには顔全体が輝きを放ち、喜びにあふれました。私は自分の目を疑いました。なぜなら彼女に経験してほしかったこと、瞑想を通して手に入れてほしかったこと、まさにそのことが自然に起こっているのです。妙子の命の最後の瞬間、私は彼女の微笑にうっとりとしていて、妙子が逝ってから数分間、気がつかないほどでした。

後に、私がプネーに戻ったとき、ＯＳＨＯにこのことについて質問し、彼はこう答えます。

「もし、誰かがガンを患い、苦しみながら死んでいくとする。しかし、その苦しみのおかげで、死の直前、身体が魂から分離するとき、瞑想者にしか起こらない、途方もない出来事を経験することがある。なぜなら瞑想者は、何度も同じ場所に意識的にたどり着くことができる――瞑想者は身体を離れ、外に立っているのだ。言い換えると、これは死を何度も意識的に経験しているのに等しい。ミラ、あなたの妹のように耐えがたい苦しみを経験しているときは、話に耳を傾ける余裕も、瞑想をする努力もできなかったのだろう。しかし、彼女は亡くなる直前に、こう気付いたに違いない。『何てことでしょう。私は自分が身体だと信じていた。だからこそ、私は苦しんだのね』と。そして彼女は微笑み、瞑想的な状態で最期を迎えた。これは偶然に起きたことだ」

妙子は私に多くを与えてくれました。そしてこれは、彼女のお別れの贈り物でした。その微笑みは、〝瞑想の中に深く入り、私が体ではなく、死は私に触れられないことが分かるまでたどり着きなさい〟というメッセージとして、私は受け取りました。先述しているように瞑想方法は数百もの方法があります。しかし、私は画家ならではの方法をいくつか編み出しました。自画像もそのひとつなのです。

ここでは自画像のワークについて、参加者にその経験を語ってもらいましょう。そうすれば自画像が人々にどんな影響を及ぼすか、より深くお分かりになると思います。

まずはナビーナから始めましょう。彼女はイスラエル出身で三十歳の美しい女性。マッサージ・セラピスト、ボディ・ワーカーの仕事をしていて、このトレーニングには初めて参加しています。

「自画像を描き始める前から、私が抱える問題は、綺麗に見せたいことだと気付いていました。これは身体のみならず、何かしらの作品を作って、それを人に見せるという場合にも及んでいました。私が描いた風景画を見たときのミラのコメントは、とても的を射ていました。『絵を美しくすることに執着しすぎていますね』。それまでミラと私は話したこともなかったし、彼女は私の背景を知るわけでもないのに、その言葉は真実であると感じ、本当にショックでした。でも、そのおかげで、私の絵やエネルギーは純粋ではなく、今まで隠れていた動機があり、それによって汚されていること、それがやっと浮かび上がってきたのだと理解しました。

それから、ナロハ・ピラミッドの中庭で夜のセッションがありました。そこには照明を当てた巨木があり、ミラはこの木にチューニングを合わせて絵を描くように誘いました。木はその枝を頭上に広げ、月の光が枝や葉を通して射し込んでいるという美しい光景でした。みんなは地面に紙を置き、キャンドルを灯して描いています。これはある意味、自分のパターン……つまり美しくて見栄えが良いものを作りなさいという誘惑でしたが、そうはしませんでした。あえて木を描かず、私は自分にチューニングを合わせ、内側で感じていることに同調し、その気持ちに従って筆を動かしました。つまり、再びエネルギー・ペインティングを行うことで、はじめて私は本当に純粋だと感じられました。

自画像のときも私にとっては同じテーマが続いていて、さらに自分に深く入ることになるだろうと思いました。なぜなら描き始めた途端に、美しく描きたい欲望を感じたのです。もちろん、その欲には従いませんでしたが、最初に描いた自画像はうまくいきませんでした。それで新しい紙に、あわてず慎重に、数日にわたって描き続けました。ある朝、ミラがやって来て、こう言いました。『美しさから醜さになってしまったのね。自分の顔にそんなにしわをたくさん描いてどうするの？　あなたは、もっと若いじゃない』。

それである部分のしわを消すと。また別のところにしわが現れるのです。そのうちに、このしわは私が自分について感じていることを反映していると気付きました。これは受け入れにくい気持ちでした。可愛らしいルックスの背後で、老いて、不幸せで、不安をため込んだ自分がいるのだと。ですから毎日自画像に向かい合うのは辛いものでした。膝の上に置いた自画像は、鏡に映る顔よりもリアルに感じました。

自画像は子供のころ、母親から言われたこんな記憶を呼び覚ましました。『あなたは幸せにはなれない。いつも誰かやって来てあなたを貶めるから。そうやってあなたを地面に引き戻すのよ』。

そのとき、私に起こっていたのはこうです。最初にプネーを訪れてから二年あまり、私は地に足が着かず、飛んでいるかようでした。それまで基本的に落ち込むことが多くみじめだと思っていた自分から、幸せな自分へと。基本的に落ち込んでみじめな自分から幸せな自分へと、私の底にあるムードが徐々に変わりつつあったからです。

それは、まったく新しい生き方で、受け入れるのに時間がかかっていました。ミラのトレーニングのあいだは、いろんなことが起こりました。〝すべてを美しくしよう〟という私の表層、より深くにある私の古い記憶の層、それとハートの中に育ち始めた新しくフレッシュな性質が交錯していました。

自画像は、これまでの私の人生を反映していて、描いたしわも最後まで残りました。私はこの自画像に満足してはいませんが、このプロセスを経験できたことは嬉しく思っています。そのとき、絵に表れたものは、自分が感じていたことをしっかりと映し出していたからです」

他にも自画像を描くことで深い経験をした参加者がいます。ジュネーブから来た、三十一歳のグラフィックデザイナーのウルミラです。彼女は昨年から私のトレーニングに参加し、今年は始めてそれほどたたないうちに、両親と関係した深い感情を経験しました。幼少期に両親が彼女のクリエイティビティをどのように抑えたかを思い出したようです。

「自画像のワークは強烈な経験でした。ナロパ・ピラミッドでの最初のセッションで鏡の前に座った途端、膝にボードを置いたまま、泣き始めてしまったのです。鏡に映る自分が目に入るのが嫌で、逃げ出したくなりました。反射的に浮かんだ思考は、『外に出て、タバコを吸わなきゃ』でした。でも、そこに座り続け、涙が頬を流れ落ちていました。これをちゃんと経験しないと、逃げ出してはだめだということが分かっていました。鏡を叩き壊したいと思う自分の暴力的な気持ちや怒り、悲しみをただ見つめていました。なぜ自分に直面することさえできないのか、分かりませんでした。

二度目のセッションでは、最初から最後まで泣きながら、ミラが言う通りに手を動かしただけでした。三度目のセッションでは自分を見るように努め、このプロセスで刺激されたもの、内側で起こっていることを見ようとしてしまいました。おかげで涙は止まり、前回よりも描けるようになりました。なぜ私は自分を嫌っているのか、答えははっきりしていました。鏡に映る私の顔は父と母の面影ばかりで、私が見えませんでした。自分には『いる場所がなかった』のです。これがその後も数セッションで続き、私はOSHOの瞑想のひとつを始めました。鏡を見て『自分』を見ながら、自分には頭がないと想像し、ハートから自分を見ます。

これが自分の見方を変え、自分と出会う助けになりました。自画像のセッションを始めるたびに、数分のあいだこの瞑想を行なうと、すぐに内側で何かが変わるようでした。私は瞑想に時間をかけて、急いで描こうとしませんでした。

トレーニング外の時間にも、スーフィーの「ジッカー」を唱え始めました。これはハートから呼吸と共にだす読誦《どくじゅ》のことで、とてもパワフルなハート瞑想でした。毎朝、ダイナミック瞑想から戻ったあとでジッカーを唱え、それからリゾートで自画像のセッションを始めました。ジッカーのせいで、セッションに遅れることもありましたが、自分にとって何が良いのか、その感覚を尊重して信頼するしかありませんでした。変化は持続し、最後には新しくスイートなエネルギーで絵を描けるようになりました。私は自分を受け入れ、自分に出会っていました。しかし、その時でも非常にゆっくりと絵を描きました。なぜなら、手を早めると、この貴重な感覚とのつながりを失ってしまうことが分かっていたからです。

自画像が完成した時、本当に自分がこれを描いたことに驚きました。描き始めたころ、強烈に存在した父と母はそこからいなくなり、完全に私の自画像になっていたのです。私には、この経験全体が大きな贈り物のように感じられました。自分に直面する機会であり、深い意味で、自分についての感じ方を変える機会にもなったのです。

私たちは長い道のりを経て、ここまでやって来ました。自画像の基本的構造を理解し、それから深く、あらゆる種類の態度と感情を通り抜け、参加者たちの自画像は完成したのです。トレーニングの最後に、展覧会のため参加者が描いた三十枚の自画像を集めます。剥《む》き出しに描かれたこれらの顔を眺めると、息を呑むほどのインパクトがあります。普通、自画像を描くときは、その九十九パーセントが目的にありますが、これらの作品にうわべの見せかけはありません。しかし、これらの絵を見たときに、何かが腹の底に突き刺さります。それはパーソナリティの背後にある、本当の自分の顔を思い出させるからです。さら灰色を使うことで色彩が持つ緩和作用がないため、気をそらせる要素がありません。ただ純粋で生々しく、強烈に美しいのです。

自画像について多くを語るうちに、心の片隅に次章の構造が形を成してきました。この章では内側の世界への扉、つまりは社会的な仮面の後ろに横たわる扉を開いたので、次章では、その扉を通り抜けて内なる風景と、それが持つ絵画に対する力を描写していきます。

第8章

内なる世界の景色

これから内側の世界を描写することに、少しためらっています。これらのことを文章化するには、ある程度システマティックな考えが必要ですが、私はその真逆で、直感と衝動的なアプローチを得意とするからです。トレーニングでも、誰かの内なるプロセスで何かが浮上してきたら、私はまず、何も考えずにその中へ飛び込み、感覚を頼ってエネルギーに従います。そのプロセスがすべて終わってから、何が起きたのか、知的に理解しています。ですが、私が提案しているメディテーション・アートの意義を伝えるためにも、何とかして内なる世界の景色を描かなくてはなりません。では、いよいよ始めることにしましょう。

内側の世界に関する地図はたくさんあります。みなさんも瞑想に興味がある方ならご存じかもしれませんが、チャクラやエネルギー・センター、アストラル・ボディ（幽体）、意識のさまざまなレベルについてなど、多くの地図が存在します。しかし、これらは主観的に経験してこそ理解できるものなので、そのどれが正確なのかを解明することは簡単ではありません。私は、ＯＳＨＯが与えてくれた地図がもっとも実践的で効果的であると理解していますから、その地図の概要をご紹介したいと思います。

瞑想のために座って目を閉じ、内側に意識を向けることで、ゆっくりと七つの層に気付くようになります。まず座っているという感覚、つまり蓮華座の足が痛むといったような体の感覚に気付きます。次に思考がマインドを通り過ぎ去っていくことに気付きますが、ほとんどの人はこの層にも到達しません。それは、たいてい人の注意は外側に向けられていて、内側を覗いてみようと思いつくことすらないからです。だからこそ、瞑想を始めると、自分の頭の中で進行する思考のプロセスの強烈さに驚くことが多いのです。ＯＳＨＯは、この現象について、瞑想をはじめようとする幾多の人々にこう説明してきました。

「瞑想をはじめると、これほどたくさんの思考があったことは今までにないと困惑することになる。だが、これは誤解で、思考は常に存在していて、それに気付いていなかっただけなのだ。思考に意識を向けると、突然、巨大な思考の群集に気付くことになる。昼夜絶え間なく動き続け、体が休息しているときですら、思考のプロセスは続く。そして思考は常に交通渋滞を起こし、思考同士が競争をして、葛藤や苦闘を生む。ですから、座ったらいつでも目を閉じ、そしてそれらに価値があるかないか評価せず、ただ見なさい。この思考は良くて、これは悪いなどと言わないこと。思考はすべて思考に過ぎず、それは善悪の区別とは何の関係もない。『これは良い！』と言うと、その思考にしがみついてしまい、『これは悪い』と言うと、その思考を押しのけ始める。そうなると葛藤が起こり、それに囚われて、観照者になれない。だから、友情も敵愾心《てきがい》も持たないこと、ここでは敵も味方もない。起こっていることに執着せず、観察するのだ」

この無執着の観察が瞑想への鍵です。というのも、内側で見るという中立的な行為を通して、マインドが私たちをつかむ力が緩み、思考の群れが薄くなっていくのです。それにOSHOは、マインドと闘うこと、スピリチュアルな修行によって、マインドを無理矢理に沈黙させることは無意味であると語っています。そうすることで思考を抑圧し、無意識へと送り込んでしまうからです。

これはちょうど私が、おなかが減っているのに、食べ物のことを考えないでおこうとしたり、激しく恋に落ちたばかりの相手のことを考えないでおこうとするのと似ています。マインドに向かって、「黙れ！」と言っても、思考を取り除くことは不可能です。OSHOが好きな言葉〝観照のアート〟とは、ゆっくりと深みへと入り、思考のレベルを超え、フィーリングや感情、ムードの世界へと入ります。これらもまた、〝観る〟ことで同じ結果が生まれ、最後にはマインドを超えて〝空の領域〟に達します。OSHOの言葉を続けましょう。

「そうなると時々、沈黙がやってくる。突如として道は空っぽになり、誰も歩いていない。思考もフィーリングもそこにはなく、ただ空が通り過ぎる。それはそよ風のようにやって来て、あなたを生まれ変わらせ、新しい生き方を与えてくれる。これはサニヤスの意味でもある」

第六章でお話ししたダイナミック瞑想をはじめとしたアクティブな瞑想法は、まず肉体と感情のエネルギーを目覚めさせてから、沈黙……つまり受動的なステージへと移ることで、このプロセスをサポートします。いろいろな事柄がかき回され、浮かび上がり、十分過ぎるほどに見る対象が供給されます。こうすることで瞑想者は必ずしや、命のエネルギーで振動し、脈動します。ＯＳＨＯは瞑想者が、瞑想の生きた沈黙を死んだ沈黙と間違えて欲しくないのです。エネルギーがあればあるほど、内側の経験は深みと強烈さを増します。ＯＳＨＯ国際瞑想リゾートで提供されているコースは、人々がより早くこのプロセスに深く入っていくサポートをするようにデザインされています。特にエネルギーと感情のブロックをリリースするためや、幼年期の問題などを解消するために最適化されたグループもあります。こういったわだかまりを早く取り除き、体にエネルギーが流れるようになると、人々は楽に瞑想へと進んでいくことができるのです。

ここまで私が提示した地図を無理なく辿ってこられた方なら、「それほど難しくなさそうだ」と思われているかもしれません。内側の風景をたどる道は、非常にシンプルで簡単なのではないか、と。ある意味、それは正しいです。瞑想は全身全霊で誠実に、かつ規則的に行えば、二、三週間のうちに結果は出始めます。

しかし、一方で、見えない困難があります。そのとき、問題となるのは〝エゴ〟です。自分の思考やフィーリングを見る者＝観照者になると、思考やフィーリングとの同一化が溶解します。ところが、〝自己という感覚〟はこれらが同一化して成り立っているので、現実にここで溶解しているのは、なじみのある自分＝自分自身のエゴなのです。これがやっかいです。瞑想をしていくと、自分のアイディア、態度、信念、自分についての概念が消え始めますが、それはあなたが望んでいるものではないかもしれません。あなたは、自分についての数十の異なったアイディアと同一化し、それに執着しているかもしれません。

例えばキリスト教やイスラム教といった宗教や、アメリカ人、日本人、ドイツ人といった国への同一化があります。それに加えて、ハンサムで有能だとか、リーダー的存在で社会的にも優れているといった……自身へのアイディアもあります。

あなたがサッカー好きなイギリス人であったとしましょう。そして、ヨーロッパのチャンピオンをかけた一戦で、イギリスがドイツに負けてしまいます。このことで腹を立てたり、惨めになったり、がっかりしたりしますか？　もしイエスであるなら、あなたは自分の国と自己同一化しているのです。このようにエゴは、何千もの要素に対して一個人が同一化することで成り立っています。それはパッチワークのキルトのように脆く壊れやすく、子供のころから吸収してきた、他人の意見に対して発達させてきた自己イメージなのです。私たちは日々、エゴを築き、守るために、多くの時間を使っています。エゴとは本質的に、他人の意見に反応して発達させた自己イメージなのです。ですから、それをわざわざ融解させることに、人々が興味を持つことはほとんどありません。光明を得る人は稀であるのは、そこに理由があります。そして私たちが本来持っている本物でユニークな個性は、私たちの内側深くに隠されているのです。

理論的な話を一旦離れ、これが日々の生活でどうやって働くのか、その実際的な例をグループ・トレーニングから示していきたいと思います。その過程で、この章の初めに私がお話したことを思い出していただきたいと思います。これからお話する出来事は、これまで私が話してきたトレーニングの二週間前に行われた、短期のペインティング・ワークショップの最終日に起ったことです。どのコースでも、最終的にすべてのプログラムが満足のいく結論へと導くことができれば素晴らしいことですが、残念ながらそうならないときもあります。この例のように、不意に不調和が浮かび上がったとしたら、それが起こったことに任せるしかありません。

このワークショップは順調に進み、最終日の午後も終わりに近づいていました。そのとき私は参加者たちがコースに十分に参加できているか尋ねました。

「それでは最後のシェアリングです。もし何か完結できていないことがあったり、表現したいことに充分なスペースがなかったようなら今がチャンスです。自分だけでなく、グループを見回して、充分に表現していない人がいないか見てください」

以前にも登場したサントッシュというイスラエルの若者が、このグループに参加していました。彼は部屋を見回し、友人であるイスラエル人のプレムに優しく話しかけます。

「君からもう少し話が聞きたかったな」

私は驚きました。なぜならプレムは、この五日間、活発に話をしていたように見えていたからです。しかし、友人でもあるサントッシュは、プレムは本当の自分のことを語らずに、そのリスクを冒さずにいることに気が付いていたのです。そして私はプレムを見て、こう言います。

「サントッシュが言ったことを、少しのあいだ、感じてもらえるかしら？　そして、その中に自分にとって何か真実があるかどうか見てください」

彼は予期しない事の成り行きに驚き、苦境に立たされてしまいます。たぶん彼は自分がグループの中で振舞ってきた自分の演技に大いに満足していたのですが、最後の瞬間に親友がそれに同意しないというのですから。

私にも今の彼の感情が分かります。仮面をかぶっているつもりでも、みんながそれを受け入れ、気に入ってくれていると、仮面が自分だと思うようになります。でも突然、誰かが「君の本当の顔が見たいよ。そのインチキな仮面じゃなくてね」と言います。それに対するリアクション、つまり屈辱感を感じたという事実のほうが、その気持ちを引き起こした出来事よりも大きなものになることが多いのです。エゴはもろいもので、どこかを引っ掻くと、突然粉々になってしまいます。これに似たことがプレムにも起こっていました。

その数分後にワークショップは終了し、参加者同士が別れのハグをしているとき、プレムは私と話しはじめ、私のことをグループ・リーダーとして信頼できないことや、まわりからサポートされていないと感じていたことなど、すべてを噴出させます。最後のシェアリングでサントッシュがプレムの演技について指摘したとき、回りの参加者は優しい気持ちで中立の立場を取り、何のコメントもしませんでした。しかし、それが彼にとっては、自分と敵対していると思わせてしまったのかもしれません。

私はただ耳を傾け、彼を受け取ります。これは、「私の絵にあなたがしたこと、嫌です」というエクササイズに近いもので、相手が耳を傾けるためのスペースを内側に作り出します。私はグループの教師でもあるので、彼は受け取られ、耳を傾けてもらったと感じる必要がありました。

最初、彼は私のことを「グループが楽しく終わるようにしないなんて、あなたはリーダーとして不適格だ」などと攻撃しますが、私は自分を守ろうとしないので、彼の態度も和らいでいき、この出来事において自分が果たす役割を考え始めました。

「ひょっとしたら、これは自分が見なければいけない課題かもしれません」

部屋の中でプレムは喋り続けます。姿を現し始めたのは、母親に対する深い痛みとフラストレーションでした。子供のころ、彼女に認められるために、あらゆる方法を試みても愛してもらえなかったことを、今も引きずっているということ。彼はハンサムで男性らしい力強さと自立心があるので、女性を惹きつける魅力があります。でも、なぜか女性から愛されていると感じられず、自分の方から孤立してしまいます。すると、周りの世界は、暗くて憂鬱になってしまいます。プレムはこのコースに大きな期待を抱いて参加したことを認めます。芸術家として私に認めてもらえるという希望を持っていたのに、自分を出していないというフィードバックを受けたと言います。

「実際には、私はあなたを認めていたわ。でも、覚えていないでしょ?」と、私はにっこりと指摘すると、彼は「いつですか?」と、驚きます。

「あなたが最初に描いた絵は、神秘があってとても美しかったわ。そこには〝分からない〟という質があり、頭で考えたことをなぞるだけでない力、つまり内側にある深い感情に触れる能力を示していました。そのとき、私はあなたに言ったのよ。『絵にはフィーリングに飛び込んでいく力があるわ。これはとても重要な質よ』とね。でも、あなたは私に認めてもらおうとしていなかった。気楽でのんびりしていて、私がほめても気にしなかったのです。後になって、認めてもらいたくなったときに、それが手に入らなかった……これはよく起こりがちなことです」

ここで誤解して欲しくないのは、認めてもらうことを求めるのは、ごく人間的な性質で悪いことではないということです。問題なのは、そのことでほかの人に依存してしまうことです。そうなると、自分の中心から引っ張り出されてしまいます。自分自身の表現の源泉から切断され、他人のために絵を描き始めてしまいます。プレムと私は長いこと話をしましたが、問題は解消に至りませんでした。

翌日の午後、私の家でグループ全体のティー・パーティをすることになっていました。しかし、プレムは友人のルーパーを連れていっても良いなら行く、と言います。

「彼女は僕のことを本当に好いて、受け入れてくれます。今日あんなことが起こったのですから、グループのみんなの前に出るには、彼女のサポートが必要です」と彼は説明します。

「いいですよ。でも、あなたは交換条件に依存していることを理解していますか？『あなたが私をサポートするなら、私もあなたをサポートします。あなたが私を愛してくれるなら、私もあなたを愛します』という。でも、あなたと一緒に絵を描いてきた人たちは、自分の嘘偽りがない姿を求めているのです。このようなグループでは、自分をさらけ出す勇気と信頼が一番の土台なのです。それが自分のエゴを手放し、自分の中にもっと深く入っていくための鍵なのですから……」

彼が私の言葉を喜んで聞けるとは思わないので、このあたりで話は止めておくしかありません。

翌日の午後、プレム以外の全員が私の家のリビングに集まっています。みんな陽気な雰囲気で、お茶やケーキを回しています。それから、プレムがルーパーと一緒にやって来たとき、自然と拍手が湧き起こり、ふたりを友好的に迎え入れ、部屋には愛が溢れていました。私はこの機会にプレムの横に座り、グループの一人ひとりと目を合わせるように頼みました。

「見回してみて、信頼できる人を探してみて」

彼がみんなの顔を覗き込んでいるときに、私は彼の手を握ると、彼の緊張が伝わってきます。しかし、彼が幾人かの名前を口に出していく間に、ゆっくりその手がリラックスしていきました。口には出しませんでしたが、自分こそが愛を妨げる張本人であることに気付き始めています。これはとても大切な理解です。

ここで取り上げたプレムの経験は例外的な事例ではなく、むしろほとんどのコースやトレーニングで起こりえることです。それだけ、内側の世界に存在する未知の海を航海するのが、一筋縄でいかないということなのです。自分が意識的で目覚めた人間だと思っていても、次の瞬間にエゴのデリケートな部位を叩かれて、突然、その目覚めの感覚が音を立てて崩れてしまいます。ですから、私は自分の絵に他の人がワークするプログラムを組み、これが小さな鏡となって、自分がやっていることにどれだけエゴが関わっているかを見ることができます。芸術的なクリエイティビティと、エゴが主張する「これが私のクリエイティビティだ！」という主張を区別する助けにもなるのです。

皮肉なことに、エゴの主張は真に芸術的で独創的なものを生み出すことを妨げます。しかし、だからといって〝エゴは悪い〟という印象を与えたくもありません。というのも。私たちはみんなエゴを持っていて、それにナーバスになる必要はないからです。ＯＳＨＯも言うように、〝エゴの彼方に存在する内なるリアリティに触れること〟が大事なのです。そうなれば、誰かがあなたを賞賛してエゴが風船のように膨らんだとしても、それを軽く受け取ることができます。そして次の瞬間に、誰か別の人があなたを批判し、風船をパンクさせても、ショックを受けずにいられます。怖くもなく、信頼を失うこともありません。なぜならあなたは内側の深くで、自分がエゴではないことを知っています。この状態が、エゴを超えたものなのです。

ここまで読み進めると、私がグループ・レッスンの中で、人々に働きかける基本的な方向がお分かりいただけると思います。絵画という媒体に働きかけることで、人々が子供らしい性質……例えば無垢や自発性、遊び心などにつながることを手助けします。それが、エゴや自分の信念が生み出す困難をやり過ごす方法になるのです。そしてこれは、瞑想という全般的な文脈の中で起こります。朝と夕に規則的な瞑想をすると、誰でも内側深くに導かれます。それに加えてグループ・エネルギーという力学が、学びを早くさせるのです。

しかし、エゴというのは巧妙です。〝自分〟と呼ばれる風船が膨らみ、クリエイティブな流れを邪魔していることに気付くだけが問題ではないのです。なかには正反対の問題を抱える人もいます。そういったケースの人たちの風船は、すでにしぼみきっています。自分に価値があることができるなんて考えられないほど、自己評価が低いというパターンです。

イスラエルの若い女性、スキがこの例に当てはまるかもしれません。第四章で、彼女は自分を演じることへのプレッシャーと、人からの期待に押しつぶされそうになったことを話しました。水彩画のレッスンで、彼女が黒い木の幹を紙いっぱいに描いたことを覚えておられるかもしれません。トレーニングの日々が経過しても、彼女のムードは暗いままでしたが、私もそこから出てくるように説得しようとはしませんでした。実際私は、彼女の絵がそのムードを反映していることを喜んでいました。それは、何か価値あるものを示していたからです。きれいな絵を描けば大丈夫というふりをしていないのです。彼女は何も隠さず、自分のムードからも逃げ出さず、そのままでいました。

しかし、それから、私は彼女の絵の描き方が機械的な質を持ち始めていることに気づきます。紙の上にブラシを自動的に動かしているのが見て取れたので、今が介入すべきときだと感じました。なんらかの変化が起こる可能性があるからです。

これはインストラクター、あるいはグループ・リーダーの仕事のひとつです。参加者のあり方を〝読む〟必要があります。参加者がどれほど今、この瞬間にしっかりいるのか、そして今、どれほど他のところにいて、ここにいないのかを見て取ることができなければなりません。

こういったことは、参加者のボディ・ランゲージ、目、エネルギー、絵の描き方に表れます。だからといって警察官のようにいつもみんなをこっそり見張っていなければならないと言っているのではありません。というのも、私のアプローチは基本的に、自由とクリエイティビティをサポートしながら、各々が望むようにするに任せるというものです。しかし、この人たちが自分とのつながりを失ったときに、それに気づくことは大切です。そして、このケースがそうでした。

今朝、スキを見たとき、変化を始めるのに良いタイミングだと思い、私は彼女の横に座り、絵に描かれた大きな黒い木を見ながら、尋ねました。

「あなたはその暗い絵を楽しめている?」

彼女は肩をすくめ、「何とか」と言います。

私はいぶかるように彼女の目を覗き込みます。

「本当に楽しんでいるかしら?」

もし彼女が「はい」と言ったら、そこまでにしようと思っていました。なぜなら、彼女のプロセスに私の意見を押しつけたくはなかったからです。しかし、私のまなざしに答えて、彼女は、認めます。

「いいえ、本当だとは言えません」

「それなら、少し明るい色も使ってみてはどうかしら?」

彼女は綺麗な黄色を選んで枝を描くのを見ています。しかし、二、三回筆を走らせると、色は背後のより暗い色に吸収されてしまいます。

「だめだわ。全部暗闇に飲み込まれてしまう」と言うスキに、私はこう提案します。

「他にも描き方があるかしら?」

スキは躊躇しながらも、いたずらっぽい笑いを浮かべ、こう言います。

「そうね。紙に絵の具をまくのだったらできるわ」と言ったかと思うと、黄色の絵の具入れを手に取り、木の横に上から下へ、色鮮やかな絵の具を勢い良く垂らします。絵の具の量が十分にあったので、黄色は下の色に吸い込まれないですみました。すると、彼女は絵筆を取って、他の明るい色を紙に触れずに、絵の上に垂らし始めます。こうすると暗い下地に吸収されずに、色が残ります。スキは、この転換を楽しんでいます。

「こんな感じが好きなのね?」と、私は尋ねます。

彼女はにっこりと、「はい、好きです」と答えます。

スキは暗闇から出てくる準備ができていたようです。

こう書くとシンプルに聞こえますが、どのタイミングで手を貸し、その人の成長をサポートすべきか、深く理解する必要があります。というのも、自分の課題に直面する準備ができていない人も多く、その段階で、あなたがしていることは正しくないので、こうしなさいと言ったら、その人のクリエイティビティを奪い去ってしまう可能性もあるのです。

その後、スキの水彩画はただの混沌から色で溢れ返り、自然の深さの表現も出てきました。それを見て、彼女はこの感じを伸ばしていけると確信します。

次の日、朝のセッションが終わった後のシェアリングで、スキがマイクを取ります。

「私は昨日の夜に絵を描くポイントがつかめました。これまでは自分の絵がはっきり見えなかったのです。でも、昨夜、自然の美と神秘だけが目に入りました。月明かりの中で、植物は本当にミステリアスに見え、まるで自分が水の中にいて、植物がすべて水の底に生えているようでした。その様子があまりに美しかったので、絵筆を取り、紙の上で手を動かしました。翌朝、自分の絵を見て、自分が描く早さにまず驚き、頭の中で何かがピンときました。『自分のハートにイエスを言い、美を感じ、手が動くに任せることにイエスを言えば、絵は自然に姿を現わすものなのだ。成長するために必死で努力する必要はない』と気付いたのです」

それから彼女は、今朝のセッションで描いた白黒の絵を紹介します。

「みなさんも私の白黒の絵はご存知かと思います。ほとんど灰色で真ん中に黒い木が一本立っているだけの絵です。あの絵を描いたときは、自分の内側の灰色にイエスを言うのが、私にとって大切だったのです。そして今朝、自分の絵と絵を描いていた周りの自然を比較したとき、そのどこにもつながりが見えませんでした。そうやって比べたときに、昨夜するすると絵が描けたのを思い出して、描き直しに挑戦しました。木はそのままにしておき、背景をもう一度描きました。枝をあちらやこちらに付けましたが、これは自然にやってきたのです。そして、それから一時間のあいだに、私の絵はびっくりするくらいに育ったのです」

彼女は絵がみんなから見えるよう、高く掲げます。私は自分が絵よりもスキを見つめているのに気がつきます。彼女は自分の経験をシェアしながら目が輝いていて、自信とバイタリティが溢れていました。何という変容でしょう！

さて、エゴがどのようにクリエイティビティの邪魔をするか、ふたりの例をあげました。この章の中では、瞑想とスピリチュアルな経験よりも、それを邪魔するものごとに注意を向けていたことに気が付いたかもしれません。これはＯＳＨＯの基本的なアプローチを反映しています。本当の目で見ること、あるいはＯＳＨＯが〝観照のアート〟と呼ぶものは、私たちの内なるリアリティ……つまりは思考や信念、態度や感情、ムードや抑圧されたトラウマなど、自分本来の姿を分かりにくくする物事に向けられます。これらの事柄が気付きの中に持ち込まれると、私たちを外側から縛っていた力が消失し、私たちは本来のまっさらな意識に戻ることができます。これが沈黙や安堵、愛や至福といった彼方なるものへの入り口となるのです。これは、ちょうど水の流れから障害物を取り除くと自然に流れ出すのと同じです。すると、ゆっくりと、本来の個性を持つ自分自身を発見します。自分の個性とともに、自然なクリエイティビティがやってくるのです。この表現について、そして内なる世界について、次の章で、もう少し話をしていきます。

第9章

統合を求めて

この章は、まずワシリー・カンディンスキーについて、少し話をしたいと思います。彼のことは前章でも触れたので覚えておられるかもしれませんが、彼は音楽と色の関係を追求してきました。また、画家としての才能があるだけでなく、自分が行おうとすることを知的に説明できる稀な画家でもあり、一九一一年に論文『抽象芸術論―芸術における精神的なもの』を出版します。二十世紀初頭、物質主義へと向かう世界に対し、彼は論文の中で、その流れを押しとどめ、スピリチュアルな道を切り開くことが、芸術家の責任であると述べています。

「文学、音楽、それに美術は、スピリチュアルな変化を起こすという意味で、最大の感受性をもった領域である。これらの芸術は、精神性のない現代生活に背を向け、魂の非物質的な希求に従い、自由に動く余地を与えてくれるのだ」

カンディンスキーは、芸術家の内なる必要性を説きます。それは、画家が内側深くに持つスピリチュアルな表現への衝動を指しています。この衝動がアーティストを動かし、物質世界を超えた、幽玄な神秘性を捉え、それに形と色を与えようとさせるのです。

彼自身の「内側の必要性」という側面は、絵画の中での色と形の隠されたつながりを発見し、このことが人間の精神にどのような影響を持つのかを知ろうとするものでした。彼は特に葛藤と苦闘を、抽象的な方法で表現しようとする考えに惹きつけられ、それと同時に絵画自体の中に、解決と調和を包含したいというものでした。

彼は抽象絵画の父であるだけでなく、芸術にスピリチュアリティと意識を注ぎ込むことを成し遂げました。私にとっても、芸術が本当に意義を持ち、意味深いものであるためには、この次元を持つ必要があるのです。もちろん、私はそれ以外のアートに反対しているのではありません。娯楽として、装飾として、社会的コメントとして、内なる苦悩の表現としてなど、芸術は、さまざまな形式を持ちます。しかし、私にとっての芸術は、スピリチュアルな要素によって最も高く飛翔することができるのです。

もちろん、カンディンスキーが抽象形態を使って、スピリチュアルな要素を伝えることに成功したかどうかは、作品を見た人の判断に委ねられるべきことです。私個人として、カンディンスキーは先駆者です。というのも、私のトレーニングにおいても、「プライマル・ペインティング」のセクションでは、彼と同じように、抽象画と神秘性の融合を探求し、表現するように働きかけるからです。

大それたことを言えば、私はカンディンスキーの成功をさらに進め、さらにはスピリチュアルな次元を探求したいアーティストや支持者に、この次元を身近なものにしたいと願っています。そして、私は好都合な位置に身をおいています。それは自分に特別な才能があったからではなく、私が画家として偶然、東洋の神秘主義と瞑想に巡り合うことができたからです。

私はOSHOに出会うことで、幾多もの神秘主義の伝統に触れ、そのなかから価値のあるものを学びました。本質的に宗教とは、内側に入り、自己の意識の核心までの地図とそこにアクセスする方法を提供するものです。しかし、これはクリエイティビティや個性、喜びなどはすべて、人間の内側に存在するものだという理解を前提にした考えです。

ですから、問題は、内側に入り、それを手に入れる最善の方法は何かということに過ぎません。OSHOの良いところは、救済者や経典といった外側にある宗教的な信仰を捨て、個人的な経験を通して、自分自身で真実を発見するように誘っている点にあります。先述しましたが、OSHOのように、内なる世界の地形図を知っている人たちは、それを知らない人たちへ、ガイドマップを提供できます。しかし、どの方法が自分に合っているのかは、やってみないと分かりません。それは人間一人ひとりがユニークな存在であることへの裏返しとも言えるでしょう。

私の経験では、個人同士が集まり、瞑想的なエネルギー・フィールド、ある種のスピリチュアルな雰囲気や内側の経験が起こりやすくなるような場所を創り出すことができます。それは私がグループ単位でトレーニングを行うのが主な理由でもあります。そこで私は人々がクリエイティビティを発見すると同時に、瞑想の中により深く入るための手助けをします。そして、このふたつは同じ方向を向いているので、自分の内側に深く入れば入るほど、クリエイティブな表現の源に触れる可能性も大きくなります。

そして、素晴らしいのは、これらの発見はすべて、自分を発見することで起こります。見つけるのは自分自身で、取り戻すべきは、自分の個性なのです。

ここでもうひとつ、OSHOも言葉を紹介しましょう。

「あなたは自身の内側に静けさや穏やかさなど、計り知れない宝を発見する。それを見つけると、誰もが同じものを持っていることを知るだろう。それを知っているかどうかは、また別の事柄だ。しかし、存在する限り、誰もがこの宇宙の美をすべて持っている。そう、宇宙のエクスタシーとダンスのすべてを。そして、それはさまざまな形で表現されるだろう。そして、それをダンスで表現している者の方が、歌や沈黙で表現する者より優れていると考える必要はない。表現されているのはまったく同じエクスタシーなのだ」

この章のタイトルでもある〝統合〟とは、芸術と神秘性というふたつの融合のことを指しています。サニヤシンになる前に瞑想を学び始めたとき、私は人生で芸術が最も重要で、瞑想は支えとして、私の絵を深めてくれるものと見ていました。しかし、本当は正反対だったのです。内側の旅やスピリチュアルな自己発見と比べると、芸術はその最中に起こる、楽しいおまけなのです。ですから、統合は芸術を超えたところに存在します。真の意味の調和は、遊び心や楽しみという形容が正しいのです。

ここからは、私がアート・グループを作ることになったきっかけ、そしてその成り立ちを話したいと思います。

先ほど述べた遊び心の表現を最初に感じたのは、ＯＳＨＯのシグニチャー（署名）でした。ヒンドゥー語で書く彼のシグニチャーは、インド人から見ても不思議なものだそうです。私のように書道の修練をした目から見ても、そのシグニチャーは美しいバランス感と遊び心を兼ねていました。しかも、彼はシグニチャーにとどまらず、ペンやマーカーで絵を描きました。それらの作品は水彩画のように色が混じり合い、神秘的でした。

もちろんＯＳＨＯは色調のバランスや絵画の技法を学んだことはありません。しかし、その絵を見ると、私がグループの参加者に伝えたいことが集約されています。つまり、バランスや遊び心、自発性やクリエイティビティなどです。それを見た私は、ＯＳＨＯはどうやってこんなことを成し遂げたのかを考えました。彼は人間の意識の究極のポイントに到達したのちに、美術へと戻ってきたのだと理解しました。つまり光明を得た存在にとっては、すべてが遊びであるということ。これ私のトレーニングに参加する人たちに教えるべき特質なのです。

例えば、私のトレーニングでは真っ暗の部屋での水彩画のワークがありますが、暗闇に入った途端に、暗い色が怖くて使えない人が多くいます。そういう人たちはこう考えます。

「絵をそんなに暗くしたら、美しさが台無しになってしまう。であれば、暗い色は避けた方が安全だ」

しかし、光明を得た存在には恐怖がありませんから、暗闇を使って実験し、暗い色の上に明るい色を乗せることができ、絵に神秘的な層を加えられます。ちなみに伝統的な水彩画の技法は、その逆で明るい色の上に暗い色を乗せるので、このやり方は真逆であり、ほとんど誰もが行わない方法です。これは、OSHOのものの見方を理解するための面白い洞察でした。

これは、OSHOのものの見方について、OSHOがある意識の高みから物事をどのように理解するのかということを覗いてみた、面白い洞察でした。

OSHOに会うまで、私は画家として、ある特定の表現形式の中に意味と充足を求めるためにこの人生を費やすことになるだろうと考えていました。OSHOの本に描かれていた絵が、コインを反対側にひっくり返す助けをしてくれました。つまり、「そう、その通り。絵画は、すばらしい表現形式だけれど、それほど大問題ではない。すべての答えを与えてくれる必要はない。実際、それはできないことだ。私が求めている答えは、絵画の彼方にあるのだから」と、理解したのです。

一九七九年、ＯＳＨＯの名は世界的なものになり、特にヨーロッパ中から多くの人がプネーのアシュラムに訪れるようになります。同年の十一月、ＯＳＨＯは私にアート・グループを作るように言いました。

ある日の夕方、ダルシャンで、私はＯＳＨＯの前に座っていました。ＯＳＨＯは言いました。

「今のあなたの絵は美しい。だから、アート・グループを始めなさい」

これにはびっくりしてしまいました。それには二つの理由があります。まず、私はＯＳＨＯに自分の絵を一枚も見せたことがありませんでしたから、私の絵が変わり、さらに美しいものになったことをどのようにしてＯＳＨＯは知ったのでしょうか。

二つ目に、ＯＳＨＯが自分のアシュラムにアート・グループを作りたいとか、私にそれをリードしてほしいと思うことなど、夢にも思っていなかったからです。これは晴天の霹靂《へきれき》といったもので、まるで禅師の一喝でした。

私は度肝を抜かれて、質問が何も出てきませんでした。どのようにグループを運営するのか、目的は何か、どのようなガイドラインに従ってほしいのか、などです。

そしてまさにその翌日、ＯＳＨＯはダルシャンでは、これからは個人的に誰とも話をすることはないというアナウンスがあり、私が質問する機会もなくなりました。

はっきりしていたことは、私は、自分の師からの細かいガイドなしに、自分なりの方法を見つけていかなくてはならないことでした。

幸運なことに、助けがやってきました。それは、ギーテッシュというアメリカ人の画家の形をしてやってきたのです。ワイルドな目をして、モジャモジャ頭で、ボヘミアン的な自由人という雰囲気で、私は即座にラポールを感じました。ギーテッシュは情熱的で、活力に満ち、アート・グループがどうしたらうまくいくか、そのビジョンを持っていました。加えて、絵を教えた経験もありました。

「アート・グループを新しく始めます」という告知をコミューンの掲示板に貼り付けて、ミュージックハウスで行われる準備ミーティングに人々を誘いました。そのときは三十五名ほどのアーティスト達が参加し、私もやる気満々でしたが、ミーティングを重ねるうちに暗雲が立ちこめます。私は画家のエゴを忘れていました。画家に限らず、音楽家やダンサーといったクリエイティブな人種はみな、大きなエゴを持っているものです。それに当時の私たちはまだ瞑想を始めたばかりでしたし、私はもともとリーダーという柄ではありませんでしたから、グループはすぐにバラバラになりました。

ギーテッシュと私はそれでもひるまずに、再出発します。今度は、コミュニティに暮らす画家の一人ひとりと話をして、アート・グループのビジョンを分かち合い、コミュニティを築いていきます。私たちはコミューンの管理部門からお金をもらわずに、コミューンの中にいる絵に興味を持つ人たちにペインティング・グループを提供しその収入で生活しました。これは非常にうまくいきました。

ギーテッシュと私は一緒に、グループをガイドする方向を発見しました。スローガンは〝未知へ飛び込め！〟これは、ＯＳＨＯの言葉から拝借しました。というのも、ＯＳＨＯはサニヤシンへ対して既知のものから、未知のものへと動き続け、生きていることの深みを探求するように提案していたからです。生とは本質的に神秘なのに、人は既知のものや過去、死んだものにしがみつきます。その結果、生は鈍く、退屈なものになるのです。

私たち画家のコミューンが生活していたミュージック・ハウスは、実験室兼教室となりました。私たちは絵を通して自分自身を探求し、同時に、他の人たちにも同じことをするように教えました。時にこれは、試練を経験するものでした。

当時、私たちは巧みにグループをリードできないだけでなく、自身のエゴ・トリップを見ることにも長けていませんでしたから、エゴという岩にぶつかり、自己に対する気づきの盲点にぶつかり、何とか切り抜けようともがいていました。その点で私たちは、人間の意識の成長を何が助け、何が妨げるのかを知るうえで、毎日のＯＳＨＯの講話に助けられました。

それ以外にも、コミューンのセラピストからもアドバイスをもらっていました。このように同じ志を持った人たちと共同生活を営むのは、強烈で楽しく、何にもまして冒険でした。

一九八一年にOSHOがインドを離れてアメリカへ向かったとき、プネーの時代が一旦終焉を迎えたことは明らかだったので、私たちはオランダのアムステルダムへと移りました。そこで、以前OSHOのサニヤシンの瞑想センターだったところを借りて、プネーのときと同様に人々にトレーニングを提供しながら暮らしました。厳しい状況でしたが、個人的には実りのある時期でした。

特にアムステルダムの植物園で、美しい絵を何枚も描くことができました。それで私はますます自然をテーマに学ぶことに惹かれていきました。しかし、経済的に厳しい状況が続き、私たちはサニヤシン達のあいだで発行されている小冊子に、コミュニティのなかで私たちを引き受けてくれるところを探す掲示を出し、シシリー島の山の中にある小さな家へと移ります。そこで、私たちは本能の赴くままに絵を描き、十ヶ月ほど暮らしました。相変わらず貧しかったですが、画家の世界では貧乏が当たり前なので、たいていは楽しく陽気に過ごしていました。

シシリー島の私たちが暮らした地域は、途方もなく美しい自然に囲まれていました。私たちは、自然保護区の内部に暮らしていて、ラン、朝顔、桜の花などがあふれるように咲いていました。そこで、私は、自分の最高の作品のひとつを創り出しました。

ここでもまた、私は画家のコミュニティに暮らすことの価値を学びました。その後、コミュニティは終焉を迎えます。ギーテッシュと私は、カリフォルニアでローカルのアーティストになり、ストリートで絵を売りながら生活しました。

このようにさまざまな時期を経て、私の絵のスタイルは結晶化していきました。カリフォルニアのころは、人に絵を売って生きていくため、心理的に人々が惹きつけられる絵の研究をしました。絵葉書を例にあげると、人々は朝日や夕日、海の景色が好きで、その前面にヤシの木や恋人、あるいはボートがあるような構図を好みます。このように大衆が美しいと思うものには一定の秩序や構造があり、その感覚はアジア人でも、ヨーロッパ人でも共通していることを発見しました。

それを知った私とギーテッシュは、独自の絵の描き方を模索しました。花や植物を描くのが得意な私は前景部分を、ギーテッシュは同じ絵に得意な背景を描きます。私たちの自然の描写は、具象と抽象の合間のようなテイストでした。例えば月明かりと山、太陽が輝く海といった、特定のシーンのエッセンスに直接入り込み、その後は自発的に湧き起こる表現に任せるというものでした。つまり、絵を慎重に描きあげるというよりも、ハプニングに近い描き方でした。

私はこの方法を確立し、独創的な描画の手法に加え、作品を見る人のハートとつながりやすいという、オリジナルな作品を生み出せるようになりました。

その後は妹の妙子が展覧会を開催してくれるという話へとつながります。展覧会を成功させた後に、再度プネーを訪れます。そのときＯＳＨＯはアメリカを追放され、再びまたプネーに住み始めていました。しかし、妹が病に冒されたためすぐに日本へ戻りました。そして、妹の死をきっかけに自分の人生で何がもっとも大切なのかを深く考えた末、日本を離れてプネーに滞在することを決めました。

私が到着してそれほど経たないうちに、アナンドという陽気で、しっかり者のオーストラリア人女性で、ＯＳＨＯの秘書の一人から、私の絵をすべてラオッ・ハウスに持ってくるように頼まれました。

ラオッ・ハウスは、ＯＳＨＯが暮らしていた、キャンパスでも特別にプライベートな部分でした。アナンドもその家に暮らし、仕事をしていたので、この要請は、彼女の個人的好奇心からなされたものだと思っていました。

「私の絵が見たいのですか?」と、私は少し驚いて言いました。それは、それまでアナンドが私の仕事に何の興味も示したことがなかったからです。彼女は頭を横に振り、にっこり笑いました。

「いいえ、私のためではないの。ＯＳＨＯがあなたの絵をご覧になりたがっているのよ」

これは本当に驚きでした。人生で最大の、と言っても良いかもしれません。そのショックからすばやく立ち直ると、

「私がＯＳＨＯに自分でお見せすることはできるかしら?」とたずねました。

「いいえ、私がその役をするように言われているのよ」

これには一理ありました。というのも、ＯＳＨＯが自分の部屋に誰かを招きいれることはめったにないことだったからです。

しかし、ここで問題が起こります。「私の絵はとても難しいの」と説明します。「なぜかと言うと、どちらが上でどちらが下か分からないときもあるのよ。それに大きな絵は、三、四枚のパネルでひとつになっているのです。正しい順番に並べなければなりません」。アナンドは、少し考えて、こう言いました。

「オーケー、OSHOのライブラリーで、ご自分で絵を並べて、展覧会をしてもいいわ」。それから、こう付け加えました。

「でも、準備には一時間しかかけられないわ」

展覧会をまるごと一時間で準備できる人がいるでしょうか？　しかし、私は旅をするとき、作品集をいつも携えていました。それも偶然、ムンバイでの展覧会の準備のために、作品集から作品をより分けたばかりでした。

私たちは、急いでベニヤ板を三枚、図書館に配置して、その上に大きめの作品を吊り下げて展示し、小さめの作品は、テーブルに置いて展示しました。さらに、隣接する廊下の壁にもテープで作品を貼り付けました。

これは、私にとって胸躍る瞬間でした。OSHOのために展覧会を開くために手早く作業をしているのですから、こんなことが起こっているなんて、信じられませんでした。図書係のひとりが、後になって話してくれたのですが、OSHOは四五分間、絵を見て、彼の講和を含んだ新しい本の何冊かの背表紙の挿画として五、六枚の絵を選んだのでした。

ここで説明が必要かもしれません。ＯＳＨＯは毎日講和を行っていて、講和の各シリーズは十日から三十日続きます。それらのシリーズには特定のテーマがありました。たとえば、弟子からの質問に答えるものであったり、禅の始祖たちの言葉に対して注釈や論評を行ったり、ニーチェの傑作である『ツァラトゥストラはかく語りき』やカリール・ジブラーンの『預言者』を解釈したりといったものです。

毎日、ＯＳＨＯが話し終えるとすぐに、その日の講和の録音が、編集チームによって書き起こされ、シリーズが完了すると、本として出版されました。ですから、ＯＳＨＯの本は、次から次へと途切れなく出版されていたのです。

私は〝宮廷画家〟に任命され、ＯＳＨＯの本を、ジャケットも、見返しも、章のタイトルページも、隅から隅まで装飾するようになります。

これは、私にとってとてもすばらしい時期の始まりでした。というのも、妹、妙子の死後、私は絵を描く動機を失った気がしていたからです。何ヶ月も何ヶ月も私は妙子のためだけに絵を描きました。彼女に喜んでもらいたかったのです。そして、彼女がいなくなった今、絵筆を取り上げることにそれほど意味があるとは感じられませんでした。ですが、ＯＳＨＯのために絵を描くことが、エネルギーを呼び戻してくれ、クリエイティブな情熱が湧き上がってきました。

ＯＳＨＯの助言はシンプルでした。「講和の中で私が話しているあいだ、瞑想しなさい。それから描きなさい」というものです。この時期、ＯＳＨＯは大抵、禅について話していました。そのおかげで、私にはやりやすい状況が生まれました。

ＯＳＨＯはほぼいつでも講和の中に、芭蕉や他の禅師たちの禅の俳句や詩を挿入したからです。そして、それらの俳句や詩は、自然を詠うことが多かったのでした。

この時期、カリフォルニアで商業画家をしていた経験がどれほど貴重であったかを理解しました。高速で美しい絵を制作することは、私の第二の天性となっていったのです。

毎晩の講和の中で、ＯＳＨＯが馬祖《ばそ》、臨済、道元、百丈《ひゃくじょう》、仰山《ぎょうさん》、石頭《せきとう》、南泉《なんせん》といった禅の始祖たちについて話している間、私は静かに座っていました。すると、ほどなく、瞑想のさなかに、芸術的ビジョンが、洪水のように押し寄せるようになりました。

これは今までになかったことで、驚きのプロセスでした。私は、ブッダホールでもっとも恍惚としていた人物だったに違いありません。

クリエイティブなアーティストとして高く、高く飛翔していたからです。色と情景が私の心にあふれていました。何冊もの本の表紙のデザインが丸ごと浮かびました。デザインが浮かぶだろうかという心配など、一瞬たりともする必要がありませんでした。

それどころか、あまりに多くの色やビジョンがマインドに押し寄せてきたので、罪の意識を感じ始めました。自分が瞑想を正しく行っていないのではないかと不安にさえなり始めました。突き詰めれば、ＯＳＨＯは何度となく、瞑想とは、空と無そのものだと語っていたのではないでしょうか。

私が、「こうなったら、ＯＳＨＯに手紙を書くしかない。この状態に対してどうしたら良いのか聞いてみよう」と考えていた、まさにそのとき、ＯＳＨＯは、講和の中で禅の俳句を読み上げました。そしてホールにいた人々にこう言いました。

「目に浮かべてみなさい！　これは詩ではない、絵画だ」これが、私への答えでした。質問をする前に、即座にフィードバックがあったのです。

何度か、表紙カバーの絵について、どのように描くのか、どのような色を使うのか、ＯＳＨＯがガイドラインをくれました。これは、面白い経験でした。それは、時に、自分がただの手になったかのように感じたからです。人としては存在していないような感じでした。しかもその手がＯＳＨＯのものであるとも感じませんでした。それは純粋なクリエイティビティで、「私」とか「彼」といった人格的な感覚を超えたところからやって来たのです。

私は高く飛翔していましたが、足はしっかりと大地に立っていました。私は腹のエネルギーが湧き上がるのを感じ、自分の中心に落ち着き、確固たる有能さを発揮していましたが、同時に絵を描くことに大きな喜びを感じていました。それ以外は何も気になりませんでした。

あるとき、ＯＳＨＯは言いました。「これから、雪を描きなさい」それで、私は一週間、雪を描き続けました。別のあるとき、私は夜の情景を描こうとしていました。背景に、巨大な山が影のようにそそり立ち、空全体を渡すように月に照らされた「夜の虹」が、かかっていました。

ＯＳＨＯのコメントはこうでした。

「なぜあなたはそんなにけちん坊なんだね、虹がたったのひとつなんて。この存在は、虹で満たされているのに！」。

それで、一週間、多元的でオーガズミックな虹を、夜の空に幾重にも描きました。このとき、私の心の中に、夜の絵画というまったく新しいテーマが生まれたのでした。

別のときに、ＯＳＨＯは、

「太陽がひとつなんて、なぜなのかね。けちん坊にならないように！　豊かさから物事を行いなさい」と言いました。それでしばらくは、数百万の太陽を描くことになりました。

アーティストとして、ＯＳＨＯの自由自在なビジョンに魅了されました。ＯＳＨＯは、たとえば構図などのように、何が前面に出て、何が中ほどにあり、何が背景になるべきかなど、画家が普通もつような先入観にとらわれることがありませんでした。彼はずっとオープンで、柔軟でした。

これは、私は現在コースの参加者に教えていることと、本質的につながっています。私は絵の中での無制限の豊かさを教えています。その豊かさは、頭から生まれるアイディアかではなく、自分自身の存在、自分の最奥の核につながっている自由からやって来るものです。

私は当時、二週間に一度、ＯＳＨＯに絵を送りました。彼の禅シリーズは、十日から一四日続きました。そして、私は毎回、マスターが見やすいように、きっちりと表装して約三十枚の絵を提出しました。

ＯＳＨＯは、四十二冊の本に使うのに、合わせて五百枚の絵を選びました。この時期に私は、千五百枚を超える絵を制作したに違いありません

瞑想的なコミュニティの中で、ＯＳＨＯの個人的ガイダンスを受けながら、暮らし、働くことで、私は、自分の内なる必要と本当に調和し、その表現は、洪水のように私からあふれ出したのでした。もちろん、いつでもそれほどたやすく起こる経験ではありません。しかし、繊細で内側を探求しようとしている人になら、誰にでも起こりうる経験であることも知っています。これは芸術にだけ限られたことではなく、特に霊的なものとして認識されるとも限りません。

大切なのは、この衝動が内側に湧き上がるのを感じることです。衝動が自分を圧倒するにまかせ、それに表現を与えるのです。

ここではプレムラジというサニヤシンを例に取り上げたいと思います。彼は旅を愛する画家で、宝石細工職人で、彫刻家でもあります。数年前にアジアを旅行したときに、彫刻芸術を探求する術

を教えてくれる人を探し出そうと決心しました。以下は彼の言葉です。

「インドネシアで彫刻の教師を見つけようとしていた時、ある男に出会いました。彼は、まずは一緒に絵を描くことが条件で、その後で彫刻を教えようと言います。私は絵画にまったく興味が無かったのですが、絵を描きはじめて二、三日が経つと、すっかり絵に心を奪われてしまいました。

しかし、旅の最中だったので絵を描きながら移動するのは難しいと思っていたのですが、どうしても絵が描きたくなり、道具を一通り揃えました。これは自分にとって『絵を描く必要がある』という発見でした。それで私はミラの名前と、彼女のトレーニングを知りました。彼女のトレーニングは、私を新しい色の世界、色の宇宙に連れて行ってくれ、それと同時に自分自身の心を辿る旅でもありました。私の内側の渇きを癒してくれ、自分自身でいながらも探求ができ、何も心配しなくても良い遊び場が見つかったようなものでした。そこには『クリエイティブであり、人生を祝いなさい！』というOSHOのメッセージをしっかりと感じます。

私がトレーニングで出会った困難は、物事がどうあるべきかについて欲望や価値判断、考えがあることでした。それも特に、私は何かを創り出したい望みが強かったのです。そうやって思うたびに、動きが取れなくなり、閉じ込められたように感じていました。ある考えを抱き、守ろうとして自分を制限してしまうのです。

そしてそれは私が何かを『しよう』としないとき、自然に起ったのです。紙から何かが自然に生まれ、喜びが沸くのを経験します。そして至福の後に訪れる、何かが自分のハートからもぎ取られたかのような甘い悲しみの感覚を経験します。すべてのものがひとつであることに気づき、すべてが自分の中にあることに気づいたことが驚きでした。木を描くときに、木を見ることはありません。なぜなら私が木を知っているからです。自分の外側を見る必要がないことを知ったとき、笑い出してしまいました。絵を描くというプロセスは鏡のように働き、執着はできません。何が『内側』にあるとしても、それはまた『外側』にあるのです。それに完璧さや目標は、絵だけでなくてすべてを殺してしまいます。不思議なことですが、私たちはいつも未来の目標に辿り着く必要を感じ、ただ楽しむことができません。

ミラはトレーニングで自分から発見するように仕向け、未知へと飛び込ませてくれるので、インスピレーションと喜びが生まれ、ただ楽しむことができます。彼女のワークがなければ、私は内側にあるこれらの特質に出会うことはなかったでしょう。ある一瞬、絵を描くという行為自体が、主体となりに私は乗っ取られます。そこにもはや『私』は存在しません。驚き、涙があふれます。絵を描くことが私の瞑想になり、それで私はすべてを忘れることができます。まるで愛する人と一緒にいるようです」

この章ではトレーニングの話をあまりしませんでした。ここでは、絵を通して、クリエイティブな表現に対する衝動が目覚める手助けをする、私のアプローチの背景を説明したかったのです。それともうひとつ理由は、迷い込んでしまった芸術の魂そのものを目覚めさせ、救い出すことです。

アートが好きな人であれば、私の主張を一度理解すれば、それは誰にとっても、簡単な次のステップであるはずなのです。結局のところ、道に迷い、どこにも行き場がなくなったとき、誰かが正しい方向を示してくれたとき、その方向へと進み始めるのは、ごく自然なことなのです。

第10章

名声、自由、充足

トレーニング・プログラムを全体の四分の三ほど終えたところで、参加者全員をラオツのウォークウェイへと連れていき、水彩画を描いてもらいます。ラオツとは一九七四年から一九九〇年までOSHOが暮らしていた場所です。ここは晩年、病気がちだったOSHOに、健康のために毎日歩いてもらうためにサニヤシンたちが建築したものです。ウォークウェイは大理石でできた細長い通路で、OSHOはそこに育った木々や、植物、つたが大好きでした。今もここは本物のジャングルのような場所です。

そのジャングルを見渡せるこのポイントは、静かで涼しく、瞑想のバイブレーションに満ちたマジカルな場所です。私はトレーニングでは毎年、絵描きにとってパラダイスのようなこの場所で、芸術と瞑想、絵画と沈黙の統合を経験してもらっています。ヘルパーたちが床をビニール・シートで覆い、参加者が座ってガーデンを眺められるように、クッションを配置し、水彩画のセットを持ち込みます。

翌朝、参加者はボードを抱えてウォークウェイへと入ってきますが、ここは細い通路なので、その中で三十人を越える人々が自分の場所を見つけられるように、バランスを考えて参加者を配置します。全員が自分の場所に落ち着くと、それはとても素敵な眺めです。さまざまな緑に包まれたガーデンの中に、マルーン色に身を包んだ参加者たちが、足を組んでクッションに座っています。

瞑想リゾートのプログラムに参加する人はみな、マルーン色のローブを着ています。リゾートにいる人が同じ色の衣服を着ることでエネルギーが調和し、瞑想的な雰囲気が創り出されるという狙いがあります。これはＯＳＨＯのアイディアで、それに加えて彼は建物をすべて黒に塗るように提案しました。深々とした木々の緑に囲まれて黒い建物が建ち、そこをマルーン色の人々が行き交う姿は、目に心地よく心を落ち着ける効果があります。

ウォークウェイでのペインティングのエクササイズは、まず十分間座って目を閉じて瞑想をしてから、目を開いて木々の緑を見て、それから絵を描き始める、というシンプルなものです。気分次第では好きなだけ瞑想を続けてもかまいませんし、ここでは自然と絵を描きたい衝動を感じたときに始めます。アシスタントのバベーンが、まずにハラに意識を向けるように参加者をガイドします。ハラとは下腹部に位置する身体のバランス・ポイントであり、生命力の源泉です。

「ハラにゆっくり深く、呼吸を入れます。そうしたら目を開いて、自然を見ます。急いで描き始めないように、時間をかけて、自分のエネルギーの源泉とつながりましょう。ハラに息を入れ、エネルギーが胸まで広がり、さらには腕から手へ、そして指先に至るのを感じます。このエネルギーと一緒に絵を描いていきます。絵を描く準備ができたと感じたら、ゆっくりと静かに、やさしく動きます。どの動きも、充分に意識しながら行います」

このように瞑想をして、絵を描くことで何が起こるのでしょう？　その答えはひとつではありません。絵を描いている人の中で何が起こっているのかによります。その例を示すために、ニサルグという日本人サニヤシンに語ってもらいましょう。彼は東京で演劇の役者をしていて、五年前にプネーで私の短期レッスンをふたつ受けて、今年はこのトレーニングに参加するために戻ってきました。

「子供のころ、私は絵が上手だと思っていました。でも、人生はそううまくいくものではありません。大人になるにつれ、他の事が重要になってきて、絵を描くこと自体を忘れてしまいました。それでも、『ひょっとしてまだ絵を描けるのではないか』という気持ちが、心のどこかに潜んでいました。ミラの絵のトレーニングを機に、自分の気持ちが正しいのか見つけてみようと思いました。

そのときは自分にがっかりしました。形を描いたり、立体感を出したり、光と影をどう扱ったら良いか、知っているつもりでしたが、まったくうまくいきませんでした。でも、他の人たちの真似はしたくなかったので、欲求不満が募って、嫉妬も感じました。自分の絵を周りの人たちの絵と比べると、それほど良いとは思えませんでした。結局、同じグループにいた友人のビジェイから絵の基本を学ぶことにしました。でも、何かが足りません。それが内側からやって来ないのです。

今日ラオツ・ウォークウェイに行くことになっていたので、何かが変わるかもしれないと期待していました。屋根のスペースでのワークのときは、ダンスを踊ったり会話をしたりして、パーティーのようになることがよくあります。でも、この場所は涼しくて静かな雰囲気でした。バベーンのアドバイスのおかげで、ゆっくりと内側に意識を向ける余裕ができました。シンプルな瞑想の後、私は絵を描きはじめる、目の前に現れたのは、とても素朴な絵でした。奥行きも微妙なニュアンスもなく、まるで幼児が描いたような絵でした。しかし、不思議なことに、自分はそれにとても満足しています。私は自分になぜだろうと問いかけます。その答えはとてもはっきりしていました。それは、初めて、繊細さに気付きながら絵を描いていたからです。プレッシャーが無くなり、欲求不満も消え去ります。

これこそ、自分のクリエイティビティを邪魔していたものだったのです。ゆっくり時間をかけて、そのつど自分の内側に意識を向けてからセッションを始めるというのが、黄金の鍵だったのです。それから三日間、内側のつながりを感じてから絵を描き、ひとつひとつの動きを今までより繊細に感じていました。

この有機的なフィーリングをもとに絵を描くと、絵は自分自身のエネルギーの延長であることに気づきます。ウォークウェイでのトレーニングが終わる頃には、グループのほかの人々との関わりにも深い変化が起こりました。今は、自分が他の誰からも学ぶことを許せます。それは自分が誰かのスタイルをまねしているのではないことが分かっているからです。今では、自分のクリエイティビティの源を持っていることが分かったのです」

次にウルミラの体験を紹介したいと思います。彼女は自画像の章でも登場しましたが、ウォークウェイで過ごした時間についても話してもらいましょう。

「ウォークウェイで座禅に似た瞑想を行ったとき、予期せぬことが私に起こりました。ババーンのガイドに従い、受容的な気持ちになって、木の葉や日の光が枝に射す様子など、具体的なものを見ないようにします。ソフトに、焦点を合わさずにただ見ています。これは誰でも同じだと思いますが、物を見るとき、私達は直接的に見て対象を特定し、そのために目を機械的に使います。これは人の姿や食べ物など、注意を向ける必要があるものを見るときの見方です。

しかし、焦点を合わさず庭を眺めていると、物と物の間の空間に気付きます。木々や枝、光と影の効果など、具体物に注意を向ける代わりに、これらすべてのものの間にある空間を見るようになります。突然、私は内側で同じ空間とつながっていることに気付きます。普段、自分を感じるときに経験する、フィーリングや感情、思考ではなく、これまで知らなかった空間と沈黙……外側の空間に気付いたことで、内側の空間の経験を誘発しました。これがなぜ起きたのかは分かりませんし、神秘としか言いようがありません。でも、ふたつが結びつき、それが同じであることは分かります。木々の葉や枝々の間を見ると、内側の空間とつながっている感覚があります。

私は絵筆を紙の上でゆっくりと動かし始めます。そうすると内側のフィーリングとつながり続けていることが分かり、嬉しい気持ちになります。特に今までと違った描き方をしているわけではないですし、描いている物も葉や枝、木など変わりません。しかし、私の注意は、ひとつの物に固定されていません。自分の側の行為ではなく、それは内側の空っぽの空間からやって来るのです。

「物質の中に深く入るほど空間は広がる」……以前に読んだ現代物理の本に書かれていたことを思い出します。例えば机や椅子のような固い物質も原子で成り立ち、原子はさらに小さな粒子である電子や陽子、中性子で成り立っていて、その電子や陽子、中性子は、広大な空間の中に存在しているのです。私の内側もこれと同じ感じがして、このことが自分に対する見方を変えます。今までは、日々の関心事や問題にのみ注意を注いでいましたが、今はそれ以外のものを感じています。「問題は存在し、それに囚われているけど、内側には広いスペースがあって、その空間といつでもつながることができる。これは深いレベルの自分なのだ」ということなのです。

ここで紹介した二人の参加者は同様の経験をしました。内側と同時に外の世界や自然とよりつながっている感覚を生み出し、エネルギーの循環が起こり始め、これがクリエイティビティと絵を描くことに対してまったく新しい理解を与えてくれたのです。印象的な部分のみを語ってもらっているので、簡単にこれが起こるように見えるかもしれませんが、彼らは全員、トレーニングの最初から規則的に瞑想に取り組んできたことを思い出していただければと思います。二人ともが瞑想の雰囲気に浸かってきたことが、今回の経験につながったことに間違いありません。

不思議なことに、すでに画家としてのキャリアを積んだ人よりも、初心者の方がこの種の経験が起こりやすいのです。プロの画家や才能のあるアマチュア、自分が絵を描けることが分かっている人のほうが、予期しない経験に対して自分を開くのが難しいのです。

この観点から、サリマについてお話ししたいと思います。彼女はすでに抽象画家としてある程度の成功を収めていて、私のトレーニングに参加しました。ある朝、自然を描く水彩画のワークでの途中で、私はサリマの絵を見ました。驚いたことに五歳の子供が描いたような、木や植物をそこかしこにパッチワーク的であり、鉛筆で素描をして、ただ色を埋めていったような絵でした。

これはアンディ・ウォーホールの『ドゥー・イット・ユアセルフ』のシリーズにも似ています。これは、半分だけ完成していて、残りは空白で、残りの部分のどこにどの色を塗るのか、数字で示した作品です。サリマが描いたその絵は、気が抜けていて、力もなく、喜びも神秘もありませんでしたから、私はサリマに調子について尋ねると、「次のステップにどうやって進んだらよいのか分からない」と言うので、こう助言します。

「昨日、私が行ったデモンストレーションのように、色を重ねて、幾重にも層を創り、深みを与え、ジャングルにいるようなフィーリングを生み出せませんか？」

彼女はうなずきながらも「それができない」と言います。私は彼女の横に座ります

「では、新しいことを試しましょう。今の絵を台無しにしてしまうかもしれないけれど、ひょっとしたら理解が深まるかもしれません」と言うと、彼女は緊張して、こう言います。

「すでにできているものを失うのが怖いです」

「でも、それであなたは動けないでいるのです。ここにあるものは……本当は背景ね。前景に大きな木か竹を描いて、立体感や深みを生み出す必要があるわ」

それでも躊躇する彼女を見て、これ以上の説明が役に立たないことが分かりました。こういうときは思い切って飛び込まないと何も起こりません。それに絵は行動によってのみ成長するのです。私はこのトレーニングでは、できるだけ干渉せずに、自分の方法で、自分のペースで探究し、自由を与えることがモットーにしていますが、今それを破る必要があると感じます。

私は深呼吸をしてから、スポンジに水につけ、サリマの絵を洗うように手を動かします。彼女は「私の絵が駄目になってしまう！」と、喘ぐように言います。

「いいえ、これはただ立体感の出し方を学んでいるだけです。あなたはお絵描き教室の授業のようにただ植物を描いていますが、これからが本当の絵の始まりなのです。私たちの周りの自然を見

てください。空間と光と木々と草たちが一緒に踊っているわ。誰もあなたはそこにいて、私はこちら、なんて考えていません。全員がひとつの踊りを祝っている。それはあなたの内側の踊りとも調和しているのよ。ここでは一つの方向を見ます。そこでは『ただ存在すること』が起こっています。頭をめぐらせて違う方向を見ると、そこでも『在ること』が起こっています。いつでも、どこでも『在ること』は起こっています。そしてあなたはそれを自由に描いて良いのです」

サリマは何も言わず混乱しています。そこで、私は言います。

「分かったわ。私にやらせて」

私はスポンジで絵を洗い続けると、いろいろな事物が姿を現し、また消えていきます。そしてすぐに彼女の絵に神秘的なフィーリングが生まれます。表面の形態が薄れ、他のプラントたちの影が姿を現し始めたところで、スポンジをサリマに渡します。

「ここは木に見えるわね。この横に沿って影をつけて、木がもっとはっきりと姿を現すようにしましょう」

サリマは恐る恐る私の提案に従います。木は徐々に立体感を持ち始めますが、彼女はおじけづいてしまい途中で手を止めて、泣きだします。

「素敵な絵だったのに、それを失くしちゃった」

この瞬間、どれほど深く私たちが既知のものにしがみつき、新しく馴染みがないものを拒むのか、私には見えます。これは本質的には自分のアイデンティティを失うことへの恐れです。私は彼女の肩にやさしく手を置いて、言います。

「でも、後悔はしないわ。なぜなら後悔するためにここにいるのではないから。あなたはあなたの絵よりもずっと大きな存在よ。だから、絵に執着し続ける必要はないわ。前に進むことで、初めて学ぶことができるの」


泣き止まない彼女を見て、私は本質的な美が姿を現すよう、サリマにどう伝えてサポートできるだろうかと考え、彼女の手を取ってこう言います。

「今、描きたい気持ちが起こらないのなら、私と一緒に他の人の絵を見に行きましょう。あなたがここに来たのは、新しいことを学びたかったからでしょう?」

彼女はうなずき、私たちは立ち上がって手をつなぎ、大理石の小道を周ります。参加者たちはそれぞれ二枚の紙にひとつはカラーで、もうひとつはモノトーンで自然を描いています。このようにふたつの絵を同時に描くと、気分に合わせてカラーとモノクロへ移動できます。こうすることで、色を白黒へ、また白黒を色へと変換する方法が学べます。この方法で絵を描く人たちを観察すると、どこで悩んでいるか、どんな新しい理解が生まれたのかが、よく分かるからです。サリマと立ち止まってハリマの絵を見ます。今朝、ハリマは、白黒の絵に取りかかっているところでした。私はサリマに語りかけます。

「数日前のシェアリングで、ハリマが色を使うのに苦労していたのを覚えているかしら? ハリマは綺麗な色を並べるのは好きでも、暗い色を重ねるのが苦手でした。でも、この白黒の絵を見てごらんなさい。彼女は突然、コントラストに『イエス』を言うことがどれほど大切かに気付いたのです。白黒を通してあるがままに自然を描くフィーリングを彼女は見事に捉えたのよ。絵に描かれたこの木々はしっかりと立ち、枝が重なりあっている。これはコントラストのおかげなのよ。それに彼女が持つ日本的な質も見えるでしょ？　書道的な手の動かし方が、これだけの枝を描き出しているのよ」

ハリマは満足げに笑って、こう言います。

「ミラ、まだひとつ分からないことがあるのです。一番遠くにあって空を背景にしている葉っぱなのですが、とてもデリケートで、ほとんど透けていて、これをどう描いたら良いのか分からないのです」

このように、美を表現したいという切望が生み出す、彼女の問いかけに私は喜びます。ハリマの画家としての本当の旅が始まったようです。私はハリマの問いににっこりと応じ、先へ進みます。サリマはまだ泣いていますが、次にナヴィーナの横で止まります。

「彼女は三つの木の幹をお互いの上に重ねているわ。別々の木なのに全部がつながっている感じがあります。これはタントラ的とも言えるわね。堂々とした立体感と奥行きがあります。分かるでしょ？　サリマ。内側がイエスと言うときに起こる現象はテクニックではないの。ただこの瞬間に、エネルギーが自己表現するのを許すだけなのです。『イエス』が起こると、ナヴィーナが描いた木のようなすごいことが、何の迷いもなく起こるの」

ひとりの参加者を連れて、他の人たちが自分の絵で直面しているテーマを指摘していくことは、今までしたことがありません。サリマにこれを受け取る余裕があったのか定かではありませんでしたが、彼女の涙からは、ある種のリリースが起こっている印だと感じられました。ですから、ここから何かクリエイティブなものが生まれると信じています。サリマは、後で行ったシェアリング・セッションの中で、私と一緒に歩いて絵を見ることがどれほど難しかったか、みんなに話しました。

「みんな、私が泣いていたのは分ったはずです。その上でミラは、この人の絵がどれほど美しいか、見せようとしていました。もちろん彼女が学ぶ機会を私に提供してくれていたのは分っていましたが、私は自分の絵と比べてしまい、自分の絵がどれほど駄目なのか、ということばかり考えてしまいました。もう一生、絵なんて描きたくありません」

画家として成功しているサリマがこう言うのですから、並大抵の状況ではありません。しかし、これは多くの画家が陥るジレンマでもあるのです。シェアリングが終わると、参加者はブッダ・ホールの周りでさらに絵を描く準備を始めます。サリマはまだ私が彼女に絵にしたことを引きずっているので、まだ十分な心遣いが必要ですが、それは今の私にできることではありません。私はインストラクター・リーダーのデヴァーナにサリマと一緒にいてあげるように頼みます。

デヴァーナは長年サニヤシンをしているイギリス人女性です。彼女は自分の内側で起こっていることを決して隠そうとしないという、温かく開いた心の持ち主です。彼女は例え何かを人に教えるときでも、教師として振る舞わず、ただ自分自身を分かち合えます。それに加えてデヴァーナは自然の中に溶け込みたいという切望を持っているものの、まだ自分の絵を探究している段階にいます。ですから、今のサリマには彼女のような人が必要なのです。私はデヴァーナにこう言います。

「自然の中で最高にリラックスして、そして嘘のない在り方を感じましょう」

絵を描き終えた参加者たちが戻って来たとき、デヴァーナがサリマと一緒にグループルームにいることを知って、私はホッとしました。翌日サリマはトレーニングを休みましたが、その次の日の朝食時に、彼女を見かけました。この日はトレーニングがお休みだったので、堅苦しくない状態で話をできるタイミングでもありました。私は彼女のテーブルへ向かい、座っても良いか尋ねます。

「この間のことが、あなたの気持ちを傷つけたのならごめんなさい。あなたの絵を使って探究したり、実験したりすることで、どうしても伝えたいことがあったの。でも、無理強いをしてしまったかもしれません。ひょっとしたら、あなたはまだその用意ができていないのに、教えたい気持ちに流されてしまったのかもしれません」

サリマは悲しそうに笑いながら、答えます。

「あなたはこのあいだまで、何も言わなかったけど、私がトレーニングの初めから行き詰っていることに気づいていたのね」

私は頭を横に振ります。

「いいえ、あなたはちゃんとできていました。これまで何も言わなかったのは、淀《よど》みなく進んでいたからです。抽象画を描いているときのあなたはとても良い感じでした。でも、それから、形が必要になり、自然を描くというチャレンジに直面し、あなたは自然の完璧さと自分の絵を比べて、圧倒されてしまったの」

彼女は私が元気づけようとしていると思ったのか、納得しない表情を浮かべていたので、個人的な話題から離れます。

「人間のハートにはふたつのことが同時に起こっているの。ひとつは成長して学ぼうという気持ちと、そうしたくないと思う気持ち。私たちはどこか深いところで自分の繭《まゆ》から飛び出すことに『ノー』と言っているの。それはだいたい子供時代からやって来ています。特に大人に世話されるのはとても心地良くそれが習慣になって成長の障害になることもあります。人の絵を見ると、その多くは精神年齢が五歳くらいで止まってしまっているのが感じられるわ……」

驚いたことに、サリマは同意し、「その通りよ」と言い、こう続けます。

「昨日、私も同じことを考えていて、気付いたことがあります。私は五歳から十四歳になるまで絵に関する記憶がないのです。それはたぶん、五歳くらいのときに私のクリエイティビティがブロックされたのだと思います。でも、どのようにして、それが起こったのか思い出せません」

私はサリマにあるイタリア人画家の話をします。彼はイタリアで多くの人に知られている現代美術の画家で、有名なギャラリーでも展覧会を行っています。その彼が私のトレーニングを受けにやって来たのですが、そのときはヌードの素描セッションをしました。私たちはモデルの周りに輪になって座り、彼はモデルの足に近い場所で描いていました。

普通、この位置から素描をすると遠近法の仕組みで、足が身体の中で一番大きくなり、頭が小さくなります。でも、彼が描いたのは大きな頭に小さな足でした。それで「彼はデッサンがまったくできないのね」と気が付いたのです。エピソードを説明したのちに、サリマに言います。

「でも、現代美術では、こういったことを学ぶ必要もありません。絵についてほとんど知らなくても、絵画を大衆に売ることは出来ます。大衆の好みに合わせて色を組み合わせたり、抽象的なパターンを描くための、ある種の感受性は必要かもしれません。でも、それさえあれば十分、画家として成功できます。昔は画家になるために、弟子入りをしたりして、多くの技術を長い時間をかけながら、学ばなければなりませんでした。この形態はまったく変わってしまいました。

現代社会では何でも安くて早くできる必要があります。それでもかまいません。時計を逆に動かして、ルネサンスの時代には戻れないし、仮にそれができても、そうはしないでしょう。あなたが今の自分のままで進んでいきたいのなら、それをダメと言うつもりはありません。現代の抽象美術の窮状を、あなたに教えてたかっただけなの。あなたが本当に、あらゆる側面でプロフェッショナルな画家になりたいのなら、素描や奥行き、形を描いたり、自然を描くことを、すべてをマスターしなければなりません」

サリマは私の言葉に気分を害していない様子で、すべてを打ち明けます。

「あなたがおっしゃったことは本当です。私は画家として成功したとき、自分を信じられなくて落ち着けませんでした。みんな私の絵を褒めてくれるのに『いつか私がまともに絵が描けないことがばれてしまう』と考えて、いつも震えていたのです」

自分の秘密を明るみに出したことで、サリマは気が楽になり、翌日から彼女は危険を冒して探求する意欲を抱き、トレーニングに戻ってきます。本当の学びが始まるのは、表現の炎に触れるときです。そうなると、学びは副産物として自然に起こります。

サリマが自分のクリエイティビティとより深いレベルでつながることを許せれば、それで十分なのです。これがクリエイティブに生きたい人にとって肝心なポイントで、名声と充足は別の事柄なのです。特に両方が同時にやってくるときは、どちらも満足を与えてくれるものです。

しかし、人の目に映る自分のイメージに執着してしまうと、画家としては苦しむことになります。なぜなら、そうなると探究する自由、新しいことを試す自由、未知の中に入っていく自由を失います。私の経験によれば、クリエイティブな衝動は、いつでも未知の要素が関係しているのです。これは、ただそうなのだと言うしかありません。

さて、この章も終りに近づいたところで、私自身の物語の残りをお話したいと思います。以前にも話したＯＳＨＯのための宮廷画家になってからのお話です。後期の彼は講話で禅の逸話だけを取り上げるようになっていました。

なぜなら禅はあらゆる経典や教理、信条に縛られることを良しとしなかったため、彼にとっては禅こそがスピリチュアルな教えの純粋な形態だったからです。

ＯＳＨＯは講話を完全にやめてしまったのち、一九九〇年一月に亡くなりました。彼の死は私にとって大きな転換となりました。当初はＯＳＨＯの姿が見られなくなり、画家としての仕事に対する彼の影響も無くなってしまいました。しかし、ＯＳＨＯが培った、コミューンが持つ瞑想的なエネルギーは、喜びに満ちたままであることに変わりはなかったのです。

そのときにはすでに、プネーでペインティングのグループやトレーニングをリードし始めていて、これらは次第に大きくなり、ヨーロッパ、日本、メキシコでも行うようになります。今の私にソウルメイトはいないので、これらのグループを私ひとりでリードしています。これも経験から言って悪いことではありません。絵画と瞑想に関して自分が吸収したものを提供し、人々がそれを認めてくれるのか、やってみるしかありませんでした。

そして、少なくとも今までのところ、私が提供するものは貴重で、実りある経験だと多くの人が感じてくれています。これは特にプネーのトレーニングに当てはまることで、トレーニングの最終日については、最終章でお話ししたいと思います。

第11章

芸術が再び目覚めるとき

昔、最高の画家を決めるコンテストを催した中国の皇帝の言い伝えがあります。参加した大勢の画家のなかに変わった人物がいました。神秘家でもあるその画家は皇帝に、ひとつ条件があると言います。

「絵を完成させるには一年を要します。それまで勝敗をお待ちいただけるなら参加いたします」

男はさらに宮殿内に専用の部屋を用意することに加え、一年間誰も部屋には入ってはならないと要求します。皇帝はこの男に興味を持ち、要求を受け入れます。一年が経ち、男は部屋から出ると、皇帝に部屋に入って作品をご覧になるよう誘いました。中に入ると、絵は壁一面に描かれ、部屋は自然の景色で覆われていました。深い森があり、丘や山々が次々と重なり合い、一番奥の、頂を雪で覆われた峰々へと続いていました。

「素晴らしい！　命にあふれて、まるで生きているようだ。これは間違いなく優勝だ」

そのとき皇帝は絵に描かれた小道を目に留めます。森の端に始まり、曲がりくねりながら、森の中へと入り、丘のふもとへと消えていきます。

「この小道はどこに続いておるのか？」と皇帝は画家に尋ねます。

画家は「分かりません」と肩をすぼめ、「一緒に見つけ出してはいかがでしょう」と言いました。

そう言うと皇帝の手を取り、小道へと導きました。二人は、絵の中の小道をたどって、森へと入っていくと、再び戻ることはありませんでした。

これはＯＳＨＯが講話で紹介した話のひとつですが、最終章でみなさんにお話したい真実が、この話には含まれています。つまり、生きるとは神秘であり、本当のアーティストは、神秘の味わいのいくらかを一般の人々に伝えられる人なのです。私は、この最終章が少しだけでも神秘を感じるものであって欲しいと思っています。しかし、物書きでもなく、画家である私にとって言葉でそれを表現するのには限界があります。ですからここでは、私にどのようなことが起こってきたのかをただお話しすることにします。それで、神秘の味わいが、このページの間に少しでも織り込まれたらと思います。

本の執筆を始めて、ちょうど一年が経ちました。これから紹介するトレーニングの話は、今まさにプログラム全体を終えようとしています。

この一年間、私はヨーロッパ、日本、メキシコで瞑想アートのグループをリードし、オーストラリアを訪れ、冬のシーズンに向けてプネーへと戻りました。そして今年、新たにはじめるトレーニングは、参加者がさらにクリエイティビティの基本的システムに深く入れるようにしたいと思っています。その中には柔軟性や自発性、それに執着しないで動ける気楽さも含まれます。参加者自身がエネルギーのプールになれたら、どの方向に進むか、自由になれます。

トレーニングの最初のセクション、十日間のプライマル・ペインティングにも新しい味わいを持たせようと思っています。そのために何年間も抱えていたアイディアがありました。無形の抽象画から始めて、形へと移行する代わりに、最後まで無形の状態でいるようにみんなを誘うつもりです。

そのために参考にしたのは、ジャクソン・ポロックのアクション・ペインティングです。彼は絵がどのようなものになるかを理解する前に、絵の中に深く入り込もうとしたので、あらかじめ決まったアイディアから絵を描かないようにしていました。キャンバスに形を押し付けるのではなく、絵を描くという行為から形が浮かび上がるというのが、彼の理想でもありました。

私も頭から、つまり知的な作業から絵を生み出すのではなく、動きや遊び心、それにエネルギーを通して絵を生み出したいと思っています。前にもお話ししましたが、アクション・ペインティングという考え方自体は、新しいものではありません。古の禅の師匠は書道を通してこれを行いました。この瞬間にしっかりといて、目覚めているかどうか、これだけが重要です。今ここに目覚めて存在するならば、形について考えはしません。これから何をするかという考えを抱いていないのです。

プライマル・ペインティングのトレーニングを受ける参加者が、早めの段階で発見するのは、形を生み出す意図がなければ、マインドの影響を受けにくいということです。これは無形のものより、形がある物のほうがマインドと強く関わっているからです。つまり、形を思いつき、それを考えるのはマインドです。今日は何を描こうか、木か人の顔にしようか、そして過去の経験や記憶、借り物のアイディア、身に着けた技術から形を生み出します。

ですから、このトレーニングでの挑戦は、アクリル絵の具と特別仕立ての紙を使い、マインドを使わずに絵画に形を導入し、人が生まれながらに持つ柔軟な感性を思い出させるための探求へと誘うということなのです。これは決して、簡単なことではありません。一旦筆を動かしたり色を並べたりすると、それがどんなものでも、形が出来始めるからです。そのため、床に紙を置いて作業し、重力による絵の具の流れによって偶発的に形を作るのです。

絵を描くという行為から、形は絶え間なく生まれ続けます。これは私たちのワークの自然な側面なので気にすることではありません。その代わり、参加者に避けてもらいたいのは、周りにある対象物に囚われた描写をしたり、説明するために描いた形です。このような形が絵に入り込むと、絵を描いているという感じが生まれます。なぜならマインドは常に、具体的な結論につながる結果や認識できるプロセスを求めています。これに囚われず、常に〝知らない〟状態を維持するのは、とても勇気がいることですから、グループで取り組むことがその助けになります。

みんなで一緒に動き、それをシェアし、探求するほうが、このプロセスは楽に行えます。この十日間、無形の状態で長くいるほど、ペインティングという行為が頭からでなく、身体からやってくるようになります。これはつまり身体のシステムの記憶として生まれてくるものとも言えます。

ここで使った〝記憶〟という言葉の意味は、厳密には正しくないのかもしれません。なぜならこの単語には、何かを学び、吸収した意味を含んでいます。でも、私達のトレーニングで起こる〝システムの記憶〟とは、私たちが自然に持つ、調和の感覚が紙の上に表現されているに過ぎないのです。これが私の言うところの〝神秘〟です。神秘はもともと存在し、私たちの内側に隠されています。ですから、それを外に表わす方法を見つけるだけでいいのです。

この感覚は現代舞踏ともよく似ています。ダンスを最初に学ぶとき、まず先生が教えてくれるステップを覚えます。しかし自信がつくと、正しいステップという考えから離れて、自分から踊るようになります。すると身体がステップを覚えていて、ダンスを自然に展開できるようになります。私はトレーニングの参加者に、ペインティングを通して同じことに誘います。マインドを払いのけ、身体のシステム自体が思い出すのに任せるのです。オリジナリティは自分の内側深くからやって来ます。内側に入りそれを発見しようとするときに通り抜ける通路は、マインドよりも身体のほうが良いのです。これが優勢になると絵画は、継続的なプロセスとなり、自分にすべてがあることが分かります。執着せずに、どの方向へも進んでゆくことができます。美しい形を作り出したとしても、そこからさらに進んでいけると分かるのです。

私のトレーニングで行うパートナー・ペインティングや、数人で一枚の紙に描いたりするのも、楽に身体の記憶システムを学ぶ方法なのです。たくさんの人と一緒に絵を描くと、身体に備わっている記憶システムが自動的にさまざまなスタイルやテクニックを吸収します。同じ絵のなかで各々が違ったことをしていて、絶え間なくお互いの領域に踏み込んで重なり合って、統合されていきます。ですから、グループ・ワークには命が溢れるような躍動感が見られます。多くの人々と、ぶつかり合いなしにワークができると、いつもあらゆるテクニックを引っ張り出すことができ、個人でのワークも容易になります。

このような感じで十日間ほどワークをすると、自然と次のような疑問が浮かびます。

「もし、形に執着しない継続的なプロセスに熱中していたら、絵はいつ完成するのだろう?」

ここで大切なのは完成したかどうかではなく、自発的かどうかです。ですから、今年のトレーニングでは、今までよりも絵のバイタリティに注視し、それを基準に絵の完成を自然発生的に決めるつもりです。もちろんいつ完成したかどうかというのは主観的なものです。個人の趣味や理解も、ときに応じて変わるので、どのような決定も永久のものとは言えません。

しかし、絵の中に命の要素が見え始めると、その絵には真実があることが分かります。これを〝命〟

と呼んでも良いし、美や真実、あるいは神秘と呼んでもよいでしょう。いずれにせよ、それを目にしたとき、人を違ったスペースに連れ出す何かがあるのです。それが起こった瞬間、私にとって、その絵は完成したのです。

参加者にこのように絵を見る手助けとして、まず白紙で小さな枠を作り、絵全体を細かく見てもらいます。なぜなら絵を見るとき、普通は一番強烈な部分の印象を受け取ってしまうからです。このように枠を介して絵を見ると、絵全体をくまなくチェックできます。そして、各パーツが意識的に描けたか判断します。それができていて、かつ全体のバランスが取れていたら、絵は完成です。

ここで言う〝意識的〟とは何を意味しているのでしょう？　絵画の見地から言うと美や活気、静けさの感覚と結び付いていて、機械的な動きがないことが関係します。どの片隅にも魂が存在します。それ以外の表現を思いつきません。私自身、これらのトレーニングを通して、自分のビジョンを参加者のみなさんと分かち合っていなければ、私の絵がこれほどの生命力を持つようになっていなかったと感じています。

最後に、この瞑想アートというトレーニングを考案し、それを人に教えながら自分自身が学んできたことで、私自身のスタイルに何が起こったのか、お話したいと思います。

今の私はエネルギーに溢れていて、ただ絵を描きたくて、描きたくて仕方ありません。それ以外は何も重要ではないのです。私の手は常に何かを創るために動こうとします。何を描くかは問題ではありません。例えばトレーニングの合間でも、参加者が残していった古い絵を引き出してきて、それに描き始めたりもします。私が触れて見るものは、自分の手の中で何でも絵になります。

それと、瞑想リゾートの中に生えている、とある木が大好きになりました。これはてとても興味深い経験になりました。昔、プネーのこの地域は巨大なジャングルだったそうですが、この木はそのときからここに存在しているように感じるのです。私はジャングルや原始的な場所が大好きで、このような自然に触れると、自分が絵を通して何を表現したいのかを思い出します。

この木には、私が夢見ていたものがすべてあります。根がどこからやって来て、枝がどこへ消えていくのかも分かりません。混沌や荒々しい野生、存在の神秘に対する私の愛が映し出されているように思うのです。そして、混沌へとたどる道筋で美に出会い、形と無形に出会います。お互いの中に消えては、浮かび上がります。この木を見るとき、何が起こっているのか理解できないのです。そしてこれこそ、私が探しているものです。というのも、自然を理解できないとき、私は自然に対して畏敬と感謝の念を持ちたいと感じます。

マインドには限りがあります。ですが、それ故に人は自分のことを限界のある存在だと知り、傲慢にならずにいられるのです。私はいつも新しいものを自然の中から学ぼうとしています。自然を描くほど到達できない世界を知り、私の絵など、自然の美のかすかな影に過ぎないことが明らかになるからです。

日が上がっている時間は、瞬間ごとに光が変わり、瞬間ごとに風が木々の葉をざわつかせ、枝をゆすります。絵を描くときはこの瞬間を捉え、それを表現することしかできません。しかし次の瞬間に、太陽の位置が変わり、そよ風の吹き方が変わり、すべてが変わります。自然の中に不変を見つけようとして待ったとしても、それは決して起こらないのです。ですから、私は動き続けるしかありません。そして、このことが私に人生とは何かを教えてくれます。だからこそ、絵がいつまでも私にとって、興味深いものであり続けるのです。いつでも動く用意をしていなくてはなりません。過去にしがみつけば、絵の命と私自身を殺してしまうことになります。

このクリエイティブな衝動はどこからやって来るのでしょう？　その答えは瞑想にあります。瞑想は、源泉に向かって進む方法です。マインドの層を突き抜け、その後ろに宿る意識へ至る道なのです。新しく掘った井戸から水が沸くように、クリエイティビティは意識から自然に湧き出します。なぜなら、クリエイティビティは、〝私〟を超えたところに存在するからです。

クリエイティビティは意識にその根を持ちます。なぜ意識がクリエイティブなのか理解しにくいのではれば、人間一人ひとりの意識は、宇宙意識、普遍的な生命力の一部であるというＯＳＨＯのビジョンを借りる必要があるかもしれません。この力は、いつでもクリエイティビティに関わっています。それ以外に、どうしてこの美しい地球が存在できるでしょうか？　これは、絶え間なく変わり続けるクリエイティブなエネルギーのダンスであり、絶えることのない〝リーラ（遊び）〟です。

この中で、目に見えない意識が、目に見える表現形態を探しているのです。

私の仕事は、瞑想、クリエイティビティ、それに芸術（美術）が、美しく統合できるものであることを身をもって示すことだと考えています。そのためにも六週間にわたるトレーニングの最後に、私たちが創り出した絵をすべて出品する展覧会を行うのです。

展覧会の準備が整うと、私たちはお客さまに日本茶や、ラムパンチを振舞い、ライブバンドがソフトな音楽を演奏します。トレーニングから私も含めて四人の日本女性が、着物姿に身を包み、ホールの中央で優美にお茶を立てました。

絵を飾ったホールは見上げれば月と星が、それに用意された豆電球で照らされています。この場所に入ってきて、まわりを取り囲む絵を眺めると、視覚に訴える力に圧倒されます。色があふれ、表現が満ち満ち、エネルギーが充溢し、活力と命でいっぱいです。もちろん、反応はさまざまです。参加者の友達は、自分の知っている人がこんな絵を描いたことが信じられません。今にいたるまで、明かされなかった、友人の隠された側面だったのです。これらの絵は、描いた本人たちにとって大切な本質的価値に基づいて創造しようとする、共通する情熱を感じることができます。

では、私たちが取り組んでいる、この新しい瞑想アートという運動の持つ本質的価値とは何でしょう？

人間を正気にするアートです。

これは、クリエイティブな衝動も、独自の表現も、必要なものはすべて自分の内側にあることを思い出させてくれるアートです。生命とつながるアートです。人間がより深い気づきをもち、より意識的になるようにしてくれるアートです。

瞑想的なアートは以前にも存在しました。それは、インドのタジマハールを生み出し、日本の禅の画家と神秘家の系譜を生み出しました。その中には、芭蕉、仙厓《せんがい》、白隠、一休がいます。

ここでは、私たちはそれ以上のことをしています。新しい統合を創り出しているのです。西洋に存在する生きることへの情熱と熱意を、東洋に存在する意識と瞑想の質に持ち込み、それらが出会い、溶け合うようにしているのです。これが、アートを再び目覚めさせ、再生させるための扉を開きます。

次に、私のトレーニングで、木を重視する理由ですが、木は、多元的な目的をもっているのです。木は生の全領域をカバーしています。大地から空まで、最奥の根から、頂にある葉や花までを。

木々とともにあり、木々の質を吸収することで、学ぶことがあります。忍耐、動き、調和、開花、驚きなど……。木々を描くことで、形、容積、コントラスト、比率、距離、空間など美術の基礎の基礎を学びます。それに人体についても学べるのです。というのも、実際に形は非常に似ています。木の幹は人間の胴体に似ているし、枝々は、人間の腕や脚に似ているのです。

私は絵画を教えていますが、私のワークはこの芸術形態にとどまってはいません。基本的に、私は個人の中にクリエイティビティのパワーを目覚めさせます。そして、このクリエイティビティをどのようにして、維持し、持続させるかについて、私の理解を分かち合います。

これが私の主な仕事です。それを絵画という媒体を使うことで行っているのです。このアプローチにより、人々は、自分の内側にあるビジョンを表現することを学びます。ビジョンは、意識していてもいなくても、誰もが所有しています。ただ発見して、外に持ち出すかどうかだけなのです。

一度これができると、クリエイティブであることの喜びと満足は、人生のどの領域にも生かすことができます。絵画でも、床掃除でも、料理を作るのでも、お金をもうけるのにも、子供を育てるのにも。

同じクリエイティビティ、同じエネルギーの奔流、人生に対して「イエス」を言う、同じ経験なのです。

絵を描くことが大好きになった参加者は、自分の絵を育て続けるでしょう。実際に多くの人がそうしてきました。そしてもちろん、私がトレーニング用に選んだテーマだけにしばられることはありません。どの方向にでも進んでいくことができます。何年もの間には、画家として成功した人も数人います。しかし、多くの人は自分が楽しむために絵を描き続けます。

さて、ここで時間も紙数も尽きてきました。そこで最後にもうひとつ個人的な話をして、終わりにしたいと思います。この話は、私がお伝えしたいことのエッセンスを捕らえていると感じるのです。もちろん、本当のエッセンスとは言えませんが。それは、言葉で捕えることは不可能ですから。しかし、エッセンスの重要な構成要素ではあると思います。

十四年くらい前です。OSHOがまだ存命のころ、秘書の一人からメッセージを受け取りました。

「私のダイニング・ルームに来なさい。あなたに見せたいものがある」

私は興味をそそられました。ほんの一瞬、OSHOと昼ご飯でも食べるのかと思いましたが、これはありそうにありません。

実際、ダイニング・ルームに着いてみると、OSHOはそこにおらず、メッセージもありませんでした。OSHOが私に何を見せたいのかも分かりません。それでも、私は彼のメッセージを受け取りました。そこに立って、彼が私に見せようとして招いたものが目に入ったからです。

彼のダイニング・ルームはバルコニーになっていて、大きなガラス窓がはまっています。そして外は彼の庭であるジャングルです。OSHOはジャングルのような庭が好きでした。庭師が少しでも剪定するのを好まず、自然に育つままに任せていました。草と植物の色が、ダークグリーンなので、バルコニーから見ると、ちょうど大きな水槽を覗き込むような感じでした。木々や植物が海の底に生えているようでした。

光は、ぼんやりとしていました。それは、木々や茂みが繁茂し、太陽の光をほとんどさえぎっていたからです。しかし、光の筋が庭に斜めに差し込んでいました。静かで透明な水の中をやわらかく光線が差し込んでいるようです。

庭の背後では、建設作業が行われていましたが、青い大きなビニール・シートが前にかけられ、向こう側が見えないようになっていました。このシートは風になびき、動いていて、その動きがさざ波のような効果を生み出していました。

そこに立って見ていると、OSHOの白黒の写真が、バルコニーの壁にかけられていて、それがガラス窓に映っているのに気づきました。全体としての効果は本当に美しいものでした。半透明の光と動きが層をなし、お互いに重なり合い、移り変わり続けます。眺めやる瞬間ごとに、私は、ますます酔っていきました。なぜなら、深い理解が自分の中にあふれるように流れ込んできたからです。美にさらに美が重なり、神秘の層がさらに神秘の層に重なって、この生は成り立っているのだという理解です。


その瞬間、分かったことがあります。この絶え間なく進行し、刻々と変化する神秘の表現に終わりはないのだと。画家がしなければいけないことは、ただこころを空っぽにすることだけです。そして存在が与えてくれる豊饒《ほうじょう》に開き、そして「イエス」を言うことだけです。

OSHOから前に受け取ったメッセージについて思い出しました。虹また虹を重ねて存在全体を彩りなさいというメッセージです。なぜ虹がひとつなのかね？　なぜ月が、太陽がひとつなのかね？　数百万の太陽があるのだよ。だから、けちん坊にならないことだ。

今日、私がＯＳＨＯから受けとってものすべてが、自分が創り出す絵の中にますます近い形で表現されているように感じます。

それは努力なしの絵画です。あまりに簡単で、正確です。気づきをもって絵を描くと、失敗がないからです。この気づきは、新鮮さと命あふれる感覚、子供のような無邪気さを含んでいます。ですから、絵の一枚一枚がいつでもフレッシュです。

絵は死んでいません。生きています。エネルギーと命で脈打っています。高揚して、ときに眠ることができないことがあります。朝早く起きて、絵を描きたいのです。

毎日が新鮮さで満ちています。未知の中に身を投げ、そこから得る発見に、興味をそそられます。絶え間なく新しい方法やテクニックを作り出し、自分が科学者のような気がします。これは継続的なプロセスで、終わることがないように思えます。

このアプローチから生まれる絵画は、自分の目から見ても驚きで、自分の目の前で生まれる新しい絵のひとつひとつに頭を下げたくなります。このような瞬間、生きる意義を感じます。そして、このゾクゾクするようなスリルを分かち合うことができれば、多くの人たちも自分のクリエイティビティを生み出し、そうすることで、この地球に自分独自の足跡を残すことができます。そうなることが私の最大の喜びです。

もしかしたら、私がクリシュナ・ハウス・ルーフでワークをしている姿をご覧になることがあるかもしれません。木々に囲まれ空の下で、紙の上に絵の具を撒き散らし、自分のクリエイティビティに完全に没頭している姿を見て、そこには、画家の姿しか目に入らないかもしれません。

しかし同時に、私の内側では、瞑想も起こっているのです。それは目には見えません。しかし、いつでもそこにあります。沈黙した、秘密の底流として、私の一筆一筆に存在するのです。

絵画と瞑想……このふたつが私の最大の恋愛です。自分の人生で、このふたつを組み合わせることができること。このふたつをミックスして、喜びにあふれた、あわ立つようなカクテルにして、みなさんに差し出すこと。これこそ、この上ない喜びです。

◆あとがきに代えて　～謝辞～

たくさんの人が私に何かを与えてくれました。たくさんの人が私の絵に影響を与えてくれ、私が絵画コースをリードする方法に影響を与えてくれました。こういった人たちの名前をすべてあげることは不可能です。ほんの数人の名前だけで満足するしかありません。

母にまず感謝したいと思います。私を励まし、クリエイティビティを発揮させてくれました。クリエイティブであれば、どのような領域であっても喜んでくれました。そして父には、経済的援助をしてくれたことに対して。おかげで、何年もの間絵画を勉強することができたのです。

妹の妙子に。素朴さ(simplicity)への目を開かせてくれ、自然を深く愛する心を教えてくれました。

武蔵野美術大学での絵画の恩師、村井正誠《まさなり》教授と藤井令《れい》、太郎《たろう》教授に。絵画の基礎を教えてくれました。

ゴヴィンドに。東洋と西洋の統合という考え方を教えてくれ、さらに私のスピリチュアルな師であるOSHOへと導いてくれたことに対して。

ギーテッシュに。画家としてのワイルドな友人で、私の中に創造することへの激しい渇望を生み出してくれたことに対して。

サガプリヤとスヴァギートに。変容と瞑想のための道具としてグループをリードするプロセスを教えてくれたことに対して。

人生のパートナーとしてのスヴァギートに。ともに暮らし、毎日の生活を共にすることで、愛について、与えることも受け取ることも、多くを学びました。

スペインのトレドにある画家たちの集団、トルモに。特にアロルドに。彼は骨の髄まで画家であり、この物質的な世界でアーティストが生き延びるすべを教えてくれました。

トレドのヴィクターとマリナに。パンを買うお金も無く、空腹を抱えていた画家を養ってくださったことに対して。

さらにトレドのグローリアとリカルドに。私の絵を愛してくれ、たくさんの写真を撮ってくれました。

サミー ハート、アヌヴァーブ、プレメンドラに。写真家として貢献してくれました。

ミュンヘンにおける私の忠実で、我慢強く、良心的な秘書、ドリス ジールに。サガーラ、シャコ、パトリシア、リチャ、ヴェーダムに。ヨーロッパで私のトレーニングをオーガナイズしてくれました。

シャローンに。この本の出版を情熱的に支援してくれました。

ムクタに。OSHOのヴィジョンであった、ジャングルのような庭を創りだし、長年にわたっていつくしんでこられたことに。その庭で私たちはたくさんの絵を描きました。

ダンスの先生、ナヴァニータ、ヴィラム、ビルギットに。

ハミドに。十五年にわたりサポートをしてくれただけでなく、私の仕事を三本のビデオに収めてくれました。

ニルヴァーノに。私の通訳であり、精神の旅の友として、私の創造に対する炎を絶えず掻き立ててくれました。

プネーにおけるマスター・ペインター・トレーニングに参加してくれた友人とヘルパーのみなさんすべてに。特にフルワリ、エキン、ヘナ、バヴェーン、リシラジ、ニルヴィカルパ、デヴィーナに。こういったトレーニングは、私だけが行っているのではありません。私たちのチームメンバーの愛と献身がなければ、これらのトレーニングが実現することはないでしょう。

スブーティに。六週間のトレーニングに参加し、その後毎日落ち合って、一日の出来事をおさらいしました。お茶を飲み、川の流れを眺めながら、スブーティは私のコメントに耳を傾け、私の視点を理解し、その上で文章へと置き換えてくれました。

この本を、OSHOに捧げます。私はグループ・トレーニングを通して、OSHOのワークを、絵を描くという行為の中で形にしようと努めています。それは、絵を描くことが、人の意識に働きかける方法として最もパワフルなもののひとつであることを知っているからです。

ミラ橋本

ミラ（橋本一枝） プロフィール

武蔵野美術大学卒業。その後、スペイン・マドリッド、及びトレドにて美術を学ぶ。「グルッポ・トルモ」「ギャラリー・トルモ」という新しい美術運動創設者の一人。1974年インドの神秘家OSHOの弟子となる。1979年彼の示唆によりOSHOアートスクールを設立。アートワークショップの指導を世界各地で始める。また創造的な表現の新しい手法を開発し、アムステルダムやイタリアのシシリー島、カリフォルニアに彼女のコミュニティを創る。

ヨーロッパをはじめインド、アジア、アメリカなど世界各地でペインティング・トレーニングやアートセラピーのワークショップを行う。

OSHO国際瞑想リゾートでは毎年ペインティングトレーニングを指導し、そのトレーニングには世界各国から画家をはじめとする多くの人たちが参加し、人気を博していた。

2017年2月21日　南アフリカでのスキューバダイビングでの事故により急逝。

瞑想アート

Meera
ミラ
（橋本一枝）

2017年10月20日　初版第1刷発行

著　者　ミラ（橋本一枝）
翻　訳　市場義人
編　集　伊藤大輔
協　力　株式会社〆 泉水マサチェリー
スヴァギート
遠藤悦子
装　幀　ジュン
発行者　江谷信壽
発行所　OEJ Books 株式会社
248-0014 神奈川県鎌倉市由比ガ浜 3-6-32
TEL：0467-33-5975　FAX：0467-33-5985
URL:www.oejbooks.com
E-mail: info@oejbooks.com

発売所　株式会社 めるくまーる
101-0051 東京都千代田区神田神保町 1-11 信ビル 4F
TEL:03-3518-2003 FAX:03-3518-2004

印刷・製本　株式会社シナノパブリッシングプレス

ISBN978-4-8397-0173-4　C0011